铁路改革研究丛书

铁路改革目标与路径研究

左大杰 等 著

西南交通大学出版社

·成 都·

图书在版编目（CIP）数据

铁路改革目标与路径研究 / 左大杰等著. —成都：
西南交通大学出版社，2020.6
（铁路改革研究丛书）
ISBN 978-7-5643-7445-7

Ⅰ . ①铁… Ⅱ . ①左… Ⅲ . ①铁路运输－经济体制改
革－研究－中国 Ⅳ . ①F532.1

中国版本图书馆 CIP 数据核字（2020）第 097825 号

铁路改革研究丛书
Tielu Gaige Mubiao yu Lujing Yanjiu
铁路改革目标与路径研究

左大杰 等 著

责 任 编 辑　　　李 伟
封 面 设 计　　　曹天擎

出 版 发 行　　西南交通大学出版社
　　　　　　　（四川省成都市金牛区二环路北一段 111 号
　　　　　　　西南交通大学创新大厦 21 楼）
发 行 部 电 话　028-87600564　028-87600533
邮 政 编 码　　610031
网　　　　址　　http://www.xnjdcbs.com
印　　　　刷　　四川煤田地质制图印刷厂
成 品 尺 寸　　170 mm×230 mm
印　　　张　　13.75
字　　　数　　204 千
版　　　次　　2020 年 6 月第 1 版
印　　　次　　2020 年 6 月第 1 次
书　　　号　　ISBN 978-7-5643-7445-7
定　　　价　　92.00 元

总 序

  我国铁路改革始于 20 世纪 70 年代末。在过去的 40 多年里，铁路的数次改革均因铁路自身的发展不足或改革的复杂性而搁置，铁路改革已大大滞后于国家的整体改革和其他行业改革，因而铁路常被称为"计划经济最后的堡垒"。2013 年 3 月，国家铁路局和中国铁路总公司①（以下简称铁总）分别成立，我国铁路实现了政企分开，铁路管理体制改革再一次成为行业研究的热点。

  以中国共产党第十八届中央委员会第三次全体会议（简称中共十八届三中全会）为标志，全面深化铁路改革已经站在新的历史起点上。在新的时代背景下，全面深化铁路改革，必须充分考虑当前我国的国情、路情及铁路行业发展中新的关键问题，并探索解决这些关键问题的方法。经过较长时间的调研与思考，作者认为当前深化铁路改革必须解决如下 12 个关键问题。

  第一，铁路国家所有权政策问题。国家所有权政策是指有关国家出资和资本运作的公共政策，是国家作为国有资产所有者要实现的总体目标，以及国有企业为实现这些总体目标而制定的实施战略。目前，如何处理国家与铁路之间的关系，如何明确国有经济在铁路行业的功能定位与布局，以及国有经济如何在铁路领域发挥作用，是全面深化铁路改革在理论层面的首要关键问题。

  第二，铁路网运关系问题。铁路网运合一、高度融合的经营管理体制，是阻碍社会资本投资铁路的"玻璃门"，也是铁路混合所有制难以推进、公益性补偿机制难以形成制度性安排的根源，因而是深化铁路改革难以逾越的体制性障碍。如何优化铁路网运关系，是全面深化

---

  ① 2019 年 6 月 18 日，中国铁路总公司正式改制挂牌成立中国国家铁路集团有限公司。

铁路改革在实践层面的首要关键问题。

第三，铁路现代企业制度问题。中共十八届三中全会明确提出，必须适应市场化、国际化的新形势，进一步深化国有企业改革，推动国有企业完善现代企业制度。我国铁路除了工程、装备领域企业之外，铁总及所属 18 个铁路局[①]、3 个专业运输公司绝大多数均尚未建立起完善且规范的现代企业制度，公司制、股份制在运输主业企业中还不够普及。

第四，铁路混合所有制问题。发展铁路混合所有制不仅可以提高铁路国有企业的控制力和影响力，还能够提升铁路企业的竞争力。当前[②]我国铁路运输主业仅有 3 家企业（分别依托 3 个上市公司作为平台）具有混合所有制的特点，铁总及其所属企业国有资本均保持较高比例甚至达到 100%，铁路国有资本总体影响力与控制力极弱。

第五，铁路投融资体制问题。"铁路投资再靠国家单打独斗和行政方式推进走不动了，非改不可。投融资体制改革是铁路改革的关键，要依法探索如何吸引社会资本参与。"[③]虽然目前从国家、各部委到地方都出台了一系列鼓励社会资本投资铁路的政策，但是效果远不及预期，铁路基建资金来源仍然比较单一，阻碍社会资本进入铁路领域的"玻璃门"依然存在。

第六，铁路债务处置问题。铁总在政企分开后承接了原铁道部的资产与债务，这些巨额债务长期阻碍着铁路的改革与发展。2016 年，铁总负债已达 4.72 万亿元（较上年增长 15%），当年还本付息就达到 6 203 亿元（较上年增长 83%）；随着《中长期铁路网规划（2016—2030）》（发改基础〔2016〕1536 号）的不断推进，如果铁路投融资体制改革不能取得实质性突破，铁路债务总体规模将加速扩大，铁路债务风险将逐步累积。

---

① 2017 年 7 月"铁路改革研究丛书"第一批两本书出版时，18 个铁路局尚未改制为集团有限公司，为保持丛书总序主要观点一致，此次修订仍然保留了原文的表述方式（类似情况在丛书总序中还有数处）。

② 此处是指 2017 年 7 月"铁路改革研究丛书"第一批两本书出版的时间。截至本丛书总序此次修订时，铁路混合所有制已经取得了积极进展，但是铁路国有资本总体影响力与控制力仍然较弱。

③ 2014 年 8 月 22 日，国务院总理李克强到中国铁路总公司考察时做出上述指示。

第七，铁路运输定价机制问题。目前，铁路运输定价、调价机制还比较僵化，适应市场的能力还比较欠缺，诸多问题导致铁路具有明显技术优势的中长途以及大宗货物运输需求逐渐向公路运输转移。建立科学合理、随着市场动态调整的铁路运价机制，对促进交通运输供给侧结构性改革、促进各种运输方式合理分工具有重要意义。

第八，铁路公益性补偿问题。我国修建了一定数量的公益性铁路，国家铁路企业承担着大量的公益性运输。当前铁路公益性补偿机制存在制度设计缺失、补偿对象不明确、补偿方式不完善、补偿效果不明显、监督机制缺乏等诸多问题。公益性补偿机制设计应从公益性补偿原理、补偿主体和对象、补偿标准、保障机制等方面入手，形成一个系统的制度性政策。

第九，铁路企业运行机制问题。目前，国家铁路企业运行机制仍受制于铁总、铁路局两级法人管理体制，在前述问题得到有效解决之前，铁路企业运行的有效性和市场化不足。而且，铁总和各铁路局目前均为全民所有制企业，实行总经理（局长）负责制，缺少现代企业制度下分工明确、有效制衡的企业治理结构，决策与执行的科学性有待进一步提高。

第十，铁路监管体制问题。铁路行业已于 2013 年 3 月实现了政企分开，但目前在市场准入、运输安全、服务质量、出资人制度、国有资产保值/增值等方面的监管还比较薄弱，存在监管能力不足、监管职能分散等问题，适应政企分开新形势的铁路监管体制尚未形成。

第十一，铁路改革保障机制问题。全面深化铁路改革涉及经济社会各方面的利益，仅依靠行政命令等形式推进并不可取。只有在顶层设计、法律法规、技术支撑、人力资源以及社会舆论等保障层面形成合力，完善铁路改革工作保障机制，才能推进各阶段工作的有序进行。目前，铁路改革的组织领导保障、法律法规保障、技术支撑保障、人力资源保障、社会舆论环境等方面没有形成合力，个别方面还十分薄弱。

第十二，铁路改革目标路径问题。中共十八届三中全会以来，电力、通信、油气等关键领域改革已取得重大突破，但关于铁路改革的顶层设计尚未形成或公布。个别非官方的改革方案对我国国情与铁路的实际情况缺乏全面考虑，并对广大铁路干部职工造成了较大困扰。

"十三五"是全面深化铁路改革的关键时期，当前亟须结合我国铁路实际研讨并确定铁路改革的目标与路径。

基于上述对铁路改革发展 12 个关键问题的认识，作者经过广泛调研并根据党和国家有关政策，初步形成了一系列研究成果，定名为"铁路改革研究丛书"，主要包括 12 本专题和 3 本总论。

（1）《铁路国家所有权政策研究》：铁路国家所有权政策问题是全面深化铁路改革在理论层面的首要关键问题。本书归纳了国外典型行业的国家所有权政策的实践经验及启示，论述了我国深化国有企业改革过程中在国家所有权政策方面的探索，首先阐述了铁路国家所有权政策的基本概念、主要特征和内容，然后阐述了铁路的国家所有权总体政策，并分别阐述了铁路工程、装备、路网、运营、资本等领域的国家所有权具体政策。

（2）《铁路网运关系调整研究》：铁路网运关系调整是全面深化铁路改革在实践层面的首要关键问题。本书全面回顾了国内外网络型自然垄断企业改革的成功经验（特别是与铁路系统相似度极高的通信、电力等行业的改革经验），提出了"路网宜统、运营宜分、统分结合、网运分离"的网运关系调整方案，并建议网运关系调整应坚持以"顶层设计＋自下而上"的路径进行。

（3）《铁路现代企业制度研究》：在现代企业制度基本理论的基础上，结合国外铁路现代企业制度建设的相关经验和国内相关行业的各项实践及其启示，立足于我国铁路建立现代企业制度的现状，通过理论研究与实践分析相结合的方法，提出我国铁路现代企业制度建设的总体思路和实施路径，包括铁总改制阶段、网运关系调整阶段的现代企业制度建设以及现代企业制度的进一步完善等实施路径。

（4）《铁路混合所有制研究》：我国国家铁路企业所有制形式较为单一，亟须通过混合所有制改革扩大国有资本控制力，扩大社会资本投资铁路的比例，但是网运合一、高度融合的体制是阻碍铁路混合所有制改革的"玻璃门"。前期铁路网运关系的调整与现代企业制度的建立为铁路混合所有制改革创造了有利条件。在归纳分析混合所有制政策演进以及企业实践的基础上，阐述了我国铁路混合所有制改革的总体思路、实施路径、配套措施与保障机制。

（5）《铁路投融资体制研究》：以铁路投融资体制及其改革为研究对象，探讨全面深化铁路投融资体制改革的对策与措施。在分析我国铁路投融资体制改革背景与目标的基础上，借鉴了其他行业投融资改革实践经验，认为铁路产业特点与网运合一体制是阻碍社会资本投资铁路的主要原因。本书研究了投资决策过程、投资责任承担和资金筹集方式等一系列铁路投融资制度，并从投融资体制改革的系统性原则、铁路网运关系调整（基于统分结合的网运分离）、铁路现代企业制度的建立、铁路混合所有制的建立等方面提出了深化铁路投融资体制改革的对策与措施。

（6）《铁路债务处置研究》：在分析国内外相关企业债务处置方式的基础上，根据中共十八大以来党和国家国有企业改革的有关政策，提出应兼顾国家、企业利益，采用"债务减免""债转资本金""债转股""产权（股权）流转"等措施合理处置铁路巨额债务，并结合我国国情、路情以及相关政策，通过理论研究和实践分析，提出了我国铁路债务处置的思路与实施条件。

（7）《铁路运输定价机制研究》：在铁路运价原理的基础上阐述价值规律、市场、政府在铁路运价形成过程中的作用，阐述了成本定价、竞争定价、需求定价3种方式及其适用范围，研究提出了针对具有公益性特征的路网公司采用成本导向定价，具有商业性特征的运营公司采用竞争导向定价的运价改革思路。

（8）《铁路公益性补偿机制研究》：分析了当前我国铁路公益性面临补贴对象不明确、补贴标准不透明、制度性安排欠缺等问题，认为公益性补偿机制设计应从公益性补偿原理、补偿主体和对象、补偿标准、保障机制等方面形成一个系统的制度性政策，并从上述多个层面探讨了我国铁路公益性补偿机制建立的思路和措施。

（9）《铁路企业运行机制研究》：国家铁路企业运行机制仍受制于铁总、铁路局两级法人管理体制，企业内部缺乏分工明确、有效制衡的企业治理结构。在归纳分析国外铁路企业与我国典型网络型自然垄断企业运行机制的基础上，提出了以下建议：通过网运关系调整使铁总"瘦身"成为路网公司；通过运营业务公司化，充分发挥运输市场竞争主体、网运关系调整推动力量和资本市场融资平台三大职能；通过进一步规范公司治理和加大改革力度做强、做优铁路工程与装备行业；从日益壮大的国有资本与国有经济中获得资金或资本，建立铁路国有资本投资运营公司，以铁路国资改革促进铁路国企改革。

（10）《铁路监管体制研究》：通过分析我国铁路监管体制现状及存在的问题，结合政府监管基础理论及国内外相关行业监管体制演变历程与经验，提出我国铁路行业监管体制改革的总体目标、原则及基本思路，并根据监管体制设置的一般模式，对我国铁路监管机构设置、职能配置及保障机制等关键问题进行了深入分析，以期为我国铁路改革提供一定的参考。

（11）《铁路改革保障机制研究》：在分析我国铁路改革的背景及目标的基础上，从铁路改革的顶层设计、法律保障、政策保障、人才保障和其他保障等方面，分别阐述其现状及存在的问题，并借鉴其他行业改革保障机制实践经验，结合国外铁路改革保障机制的实践与启示，通过理论研究和分析，提出了完善我国铁路改革保障机制的建议，以保证我国铁路改革相关工作有序推进和持续进行。

（12）《铁路改革目标与路径研究》：根据党和国家关于国企改革的一系列政策，首先提出了铁路改革的基本原则（根本性原则、系统性原则、差异性原则、渐进性原则、持续性原则），然后提出了我国铁路改革的目标和"六步走"的全面深化铁路改革路径，并对"区域分割""网运分离""综合改革"3个方案进行了比选，最后从顶层设计、法律保障、人才支撑等方面论述了铁路改革目标路径的保障机制。

在12个专题的基础上，作者考虑到部分读者的时间和精力有限，将全面深化铁路改革的主要观点和建议进行了归纳和提炼，撰写了3本总论性质的读本：《全面深化铁路改革研究：总论》《全面深化铁路改革研究：N问N答》《全面深化铁路改革研究：总体构想与实施路线》。其中，《全面深化铁路改革：N问N答》一书采用一问一答的形式，对铁路改革中的一些典型问题进行了阐述和分析，方便读者阅读。

本丛书的主要观点和建议，均为作者根据党和国家有关政策并结合铁路实际展开独立研究而形成的个人观点，不代表任何机构或任何单位的意见。

感谢西南交通大学交通运输与物流学院为丛书研究提供的良好学术环境。丛书的部分研究成果获得西南交通大学"中央高校基本科研业务费科技创新项目"（26816WCX01）的资助。本丛书中《铁路投融资体制研究》《铁路债务处置研究》两本书由西南交通大学中国高铁发展战略研究中心资助出版（2017年），《铁路国家所有权政策研究》（2682018WHQ01）（2018年）、《铁路现代企业制度研究》（2682018WHQ10）（2019年）两本书由西南交通大学"中央高校基本科研业务费文科科研项目"后期资助项目资助出版。感谢中国发展出版社宋小凤女士、西南交通大学出版社诸位编辑在本丛书出版过程中给予的大力支持和付出的辛勤劳动。

本丛书以铁路运输领域理论工作者、政策研究人员、政府部门和铁路运输企业相关人士为主要读者对象，旨在为我国全面深化铁路改革提供参考，同时也可供其他感兴趣的广大读者参阅。

总体来说，本丛书涉及面广，政策性极强，实践价值高，写作难度很大。但是，考虑到当前铁路改革发展形势，迫切需要出版全面深化铁路改革系列丛书以表达作者的想法与建议。限于作者知识结构水平以及我国铁路改革本身的复杂性，本丛书难免有尚待探讨与诸多不足之处，恳请各位同行专家、学者批评指正（意见或建议请通过微信/QQ：54267550发送给作者），以便再版时修正。

左大杰

西南交通大学

2019 年 3 月 1 日

前言

　　自 2013 年铁路政企分开、成立中国铁路总公司以来，我国铁路体制改革受到广泛关注；铁路体制改革已经成为当前经济社会生活中的一个重大现实问题。在全面深化改革以及国有企业改革的大背景下，当前铁路系统在铁路国家所有权政策、网运关系、现代企业制度、混合所有制、投融资体制、债务处置、运输价格、公益性补偿、运行机制、保障机制、监管体制等方面存在一系列深层次问题，个别问题还十分突出。电力、电信等领域的改革都取得了重大突破，而我国铁路改革进程却严重滞后，曾被称为"计划经济的最后堡垒"。直到现在，铁路改革的目标路径仍然不明确。

　　本书以党和国家关于国企改革的一系列精神为指导，并结合当前铁路实际情况，提出了全面深化铁路改革应以解决 12 个关键问题为主要改革目标以及"六步走"的改革实施路径。

　　本书分为 8 章。第 1 章绪论，讲述研究背景、研究现状、研究目标与意义等，主要从宏观角度讲述国有企业改革背景以及铁路改革背景，并从改革目标与路径角度阐述铁路改革的迫切性与必要性；第 2 章国外铁路改革目标与路径的实践及启示，着重分析了美国、日本和德国的铁路改革过程以及相关启示；第 3 章我国国有企业改革目标与路径的实践及启示，主要介绍了电力、电信和石油行业的改革目标与路径；第 4 章提出全面深化铁路改革的 12 个目标，并分析铁路改革12 个目标之间的相互关系；第 5 章我国铁路改革的路径，从顶层设计和实施方案两个方面展开分析，其中实施路径分"六步走"，包括改革准备阶段、运营业务公司化（运营资源整合）、网运分离、路网整合（路网资源整合）、铁路国有资产管理体制改革以及配套改革等；第 6 章我国全面深化铁路改革现有的三类备选方案间的比选，其分别是区域分割方案、网运分离方案和综合改革方案，其中综合改革方案又分为综合改革-魏际刚方案和综合改革-左大杰方案，主要介绍各个备选方案的基本思路、主要特点及可行性，通过对各个备选方案改革目标路径比选，最终建议综合改革-左大杰方案为我国铁路改革的推荐方案；第7章保障机制，分为坚持党的领导、顶层设计、政策保障、立法保障、人才保障、社会舆论保障以及相关配套改革，旨在为铁路改革保驾护航；第8章结论与展望，总结本次研究的主要结论并指出未来仍需研究的问题。

本书基本框架、总体思路与主要观点由西南交通大学左大杰副教授负责拟定。各章分别由西南交通大学左大杰（第1章、第6章）、黄蓉（第2章、第7章）、陈瑶（第3章）、罗桂蓉（第4章）、唐莉（第5章）、丁祎晨（第8章）撰写。全书由左大杰负责统稿。

本书作者参阅了大量国内外著作、学术论文和相关文献等资料（由于涉及文献较多，难免出现挂一漏万的情况），在此谨向这些作者表示由衷的谢意！

由于铁路改革理论与实践仍在快速发展中，加之作者水平和能力所限，书中难免存在不足之处，欢迎批评指正。

左大杰

2018 年 11 月 2 日

目 录

第1章 绪 论

本章主要从宏观角度介绍国有企业、铁路行业改革历程，并从铁路改革目标与路径角度阐述铁路改革的迫切性和必要性。其中，1.1节主要包含4个层面：全面深化改革背景、国有企业改革历程、中国铁路改革历程、当前铁路改革目标与路径研究现状；1.2节主要讲述研究铁路改革目标与路径的意义；1.3节总结全书所涉及的研究内容、技术路线与研究方法；1.4节为本章小结。

1.1 研究背景

1.1.1 全面深化改革背景

1. 全面深化改革的提出

党的十八届三中全会审议通过的《中共中央关于全面深化改革若干重大问题的决定》，提出了全面深化改革的指导思想、目标任务、重大原则，描绘了全面深化改革的新蓝图、新愿景、新目标，合理布局了深化改革的战略重点、优先顺序、主攻方向、工作机制、推进方式、时间表和路线图，汇集了全面深化改革的新思想、新论断、新举措，这是我们党在新的历史起点上全面深化改革的科学指南和行动纲领。

全面深化改革的广泛性、深刻性前所未有，鲜明体现了党的十一届三中全会以来历史发展的新要求。从现实情况看，全面深化改革需要解决的问题也远比以往更为敏感和复杂，任务更加艰巨而繁重。

从推进改革的方式看，全面深化改革的系统性、整体性、协同性要求更是前所未有。现阶段，随着经济建设、政治建设、文化建设、社会建设、生态文明建设的不断推进，任何一个领域的改革都会影响到其他领域，需要其他领域改革的配合。不同领域的改革可以有先有后、有主有次、有快有慢，但必须统筹兼顾、协同推进，而不能各自为政、畸轻畸重。只有各方面改革相互促进，相互作用，产生共振效果，才能放大改革的效应。中央成立全面深化改革领导小组，负责改革总体设计、统筹协调、整体推进、督促落实，这也是党的十一届三中全会以来从未有过的重大举措。

总之，全面深化改革将成为改革开放以来中国共产党领导人民进行的最广泛、最深刻的一场变革[1]。

2. 全面深化改革的新方向

2017年是实施"十三五"规划的重要一年，是供给侧结构性改革的深化之年。根据中央全面深化改革领导小组年度重点工作安排和《政府工作报告》部署，《国务院批转国家发展改革委关于2017年深化经济体制改革重点工作意见的通知》指出2017年深化经济体制改革的重点工作是：在以习近平同志为核心的党中央领导下，高举中国特色社会主义伟大旗帜，全面贯彻党的十八大和十八届三中、四中、五中、六中全会精神，以邓小平理论、"三个代表"重要思想、科学发展观为指导，深入贯彻习近平总书记系列重要讲话精神和治国理政新理念、新思想、新战略，统筹推进"五位一体"总体布局和协调推进"四个全面"战略布局，坚持稳中求进工作总基调，牢固树立和贯彻落实新发展理念，适应把握引领经济发展新常态，坚持以提高发展质量和效益为中心，坚持宏观政策要稳、产业政策要准、微观政策要活、改革政策要实、社会政策要托底的政策思路，坚持以推进供给侧结构性改革为主线，以有利于增添经济发展动力、有利于促进社会公平正义、有利于增强人民群众获得感、有利于调动广大干部群众积极性的改革为重点，持续深化经济体制改革。要坚持基本经济制度，坚持社会主义市场经济改革方向，坚持扩大开放，全面落实党的十八大以来党中央、国务院部署的改革任务，突出重点难点，突出抓好牵一发动全身的改革，推动改革精准落地，提高改革整体效能，扩大改革受益面，更好发挥改革牵引作用，更好解决经济社会发展面临的突出矛盾和问题，有效引导市场预期，增强内生发展动力，促进经济平稳健康发展和社会和谐稳定。

2017 年 10 月，党的十九大继续强调深化供给侧结构性改革。建设现代化经济体系，必须把发展经济的着力点放在实体经济上，把提高供给体系质量作为主攻方向，显著增强我国经济质量优势。加快建设制造强国，加快发展先进制造业，推动互联网、大数据、人工智能和实体经济深度融合，在中高端消费、创新引领、绿色低碳、共享经济、现代供应链、人力资本服务等领域培育新增长点、形成新动能。支持传统产业优化升级，加快发展现代服务业，瞄准国际标准提高水平，促进我国产业迈向全球价值链中高端，培育若干世界级先进制造业集群。加强水利、铁路、公路、水运、航空、管道、电网、信息、物流等基础设施网络建设。坚持去产能、去库存、去杠杆、降成本、补短板，优化存量资源配置，扩大优质增量供给，实现供需动态平衡。激发和保护企业家精神，鼓励更多社会主体投身创新创业。建设知识型、技能型、创新型劳动者大军，弘扬劳模精神和工匠精神，营造劳动光荣的社会风尚和精益求精的敬业风气。

2018 年中央经济工作会议指出，要围绕推动高质量发展，做好深化供给侧结构性改革。要推进中国制造向中国创造转变，中国速度向中国质量转变，制造大国向制造强国转变。深化要素市场化配置改革，重点在"破""立""降"上下功夫。大力破除无效供给，把处置"僵尸企业"作为重要抓手，推动化解过剩产能；大力培育新动能，强化科技创新，推动传统产业优化升级，培育一批具有创新能力的排头兵企业，积极推进军民融合深度发展；大力降低实体经济成本，降低制度性交易成本，继续清理涉企收费，加大对乱收费的查处和整治力度，深化电力、石油、天然气、铁路等行业改革，降低用能、物流成本。

1.1.2 国有企业改革历程

国有企业属于全民所有，是推进国家现代化、保障人民共同利益的重要力量，是我们党和国家事业发展的重要物质基础和政治基础。

国有企业改革在国有企业发展中占据着重要的发展地位，是我国国有企业发展的关键，同时也是国有企业市场定位的关键环节。

改革开放以来，国有企业改革发展不断取得重大进展，各项改革工作顺利展开，其中主要经历了四个阶段，分别是国有企业改革的探索阶段、突破阶段、完善阶段和深化阶段。

1．国有企业改革的探索阶段（1978—1992 年）

改革开放的主要发展目标是实现我国经济的进一步稳健发展，使我国经济有更大的改观，为人民群众生活的提高创造更好的条件。十一届三中全会后，国有企业开始进行了不断改革，从 1978 年到 1992 年，历时十多年的改革，国有企业改革发展不断走向成熟[2]。

（1）1978—1981 年扩权让利阶段

从 1978 年 10 月开始，四川首次试行"扩权让利"，扩大企业自主权，成功拉开国有企业改革序幕。其主要内容为：对国有企业的利润进行实际核对，建立利润指标化管理，在企业生产方面要求企业完成当年的利润规划，同时也允许企业试行自己的职工生产奖励和年终相关奖金制度[3]。

（2）1981—1983 年经济责任制阶段

从 1981 年第一季度以来，以大型国有企业为发展首要目标，实现国企权责的深化改革，随后快速发展到全国各地，出现了雨后春笋般的发展新局面，开辟了我国工业不断自主发展的新天地。

（3）1983—1987 年两步利改税（调整企业和国家分配关系）阶段

1983 年开始实行"利改税"的第一步，即利税并存的制度。具体做法是：在工商税的基础上增加所得税，不同规模的企业确定不同的所得税税率。

1984 年 9 月，"利改税"进行第二步改革。具体做法是：第一，国家对国有企业征收所得税和调节税代替原来国有企业利润直接上缴国家；第二，有针对性地实行税率的调节；第三，国有企业在贷款方面实现在缴纳所得税前获得利润优先取得条件；第四，对小型国有企业放宽要求标准；第五，对亏损企业和微利企业实行盈亏包干；第六，实现税源的多样化。

（4）1987—1992 年承包经营责任制（促进经营权与所有权分离）阶段

1986 年 12 月，国务院颁布了《关于深化企业改革增强企业活力的若干规定》，决定推行多种形式的经营责任制。1987 年的第一次承包热潮创造了承包经营的多种实现形式。

2．国有企业改革的突破阶段（1992—2002 年）

（1）1992—1993 年确立目标：宏观上建立市场经济体制和微观上建立现代企业制度

1992 年，《股份制企业试点办法》对股份制企业试点的范围、原则、股权设置和政府管理等方面做出了初步规定，规范了股份制试点工作[4]。

（2）1993—1998 年试点突破：现代企业制度试点阶段

现代企业制度试点主要从企业产权关系入手，从产权关系的管理与调整实现国有企业的试点改革，从公有制形式转变为多种所有制方式对国有企业进行改革，建立点线面发展辐射区域，并逐步向全国扩散。

国有企业改革从 1993 年以后股份制得到迅速发展，上市公司数量快速增加，国务院于 1993 年年底建立了现代企业制度试点工作协调会议制度。

1993 年以后，国务院对国有企业改革首批以 100 家国有企业进行试点改革。当年内就成功批复 94 家国企，并进入相应的改革实施阶段。国务院从这一点出发，在之后的几年中，不断面向全国各地推广，成功地实现国有企业改革更快步伐的发展。

（3）1998—2002 年全面推广大中型国有企业"脱困建制"建立现代企业制度和国有企业战略性改组阶段

2001 年，国家有关部门开展了规范建立现代企业制度工作，帮助国家重点企业完成公司制改造，要求改制企业要依法设立股东会、董事会、监事会和经理层，初步形成了公司法人治理结构。

2002 年，国有资本继续向重点行业、大型重点企业聚集，在关系国民经济命脉的重要行业和关键领域，诸如石油、石化、电力、电信、冶金、有色金属、铁路、军工等行业，国有经济发展迅速，促进了国有经济的结构调整和布局优化。在诸如机械、电子等一般性竞争性领域，非公有制经济异军突起，国有经济的比重明显下降，所有制结构出现积极变化。

3. 国有企业改革的完善期（2002—2011 年）

（1）2002—2003 年完善股份制和建立现代产权制度

2002 年，相当一批国有企业通过规范上市、中外合资和相互参股，实行股份制，进行了公司制改革业务，初步实现了投资主体多元化的格局。

2003 年，党的十六届三中全会通过了《中共中央关于完善社会主义市场经济体制的若干问题的决定》（以下简称《决定》）。《决定》强调，要建立"归属清晰、权责明确、保护严格、流转顺畅"的现代产权制度[5]。

（2）2003—2005 年国务院国有资产监督管理委员会建立和全面推行阶段

2002 年，党的十六大对国有资产管理体制改革指明了方向，指出国有资产由国家统一所有，委托政府履行出资人职责，所有者权益也由政府享受，同时要明确政府的责任和义务，新的国有资产管理体制要把管资产和管人、管事有机结合起来[3]。

各级政府的国资监管机构全部按照出资份额依法平等行使出资人职责，使不同级别的国资监管机构在工作上有进行指导和监督的权力，一般是上级监督指导下级，但是上下级国资监管机构没有行政隶属关系；不同国资监管机构之间按照平等交易的市场原则进行资本流动重组[6]。

（3）2005—2011 年国有企业公司治理结构的形成和不断完善阶段

1993 年年底出台的《中华人民共和国公司法》促进了国有企业公司制的进一步改革。1994 年，国务院发布了《国有企业财产监督管理条例》，规定：法人财产权由企业享有，国家授予企业依法独立支配其经营管理的财产，企业法人财产不受政府和监督机构的直接支配[3]。

监事会的设立及其作用的发挥是国有企业公司治理结构中的重要

内容。根据《中华人民共和国公司法》的相关规定，股东大会、董事会和经理以及监事会构成中国有限责任公司和股份有限公司的治理结构，从而实现制度化发展，使企业在发展中实现各种部门相互监督管理，相互制衡，使企业在发展中保持稳健的发展态势[2]。

4．国有企业改革的深化期（2012 年至今）

党的十八大以后，随着我国改革开放的进一步深化，国有企业改革在以往改革的基础上又进行了进一步的深化发展，如进行结构调整、发展混合所有制经济、建设社会主义法制经济等。

（1）2012—2013 年转变经济发展方式，促进产业结构调整

2012 年 11 月，党的十八大着重提出要深化经济体制改革，处理好政府和市场的关系问题，毫不动摇地巩固和发展公有制经济，推行公有制的多种实现形式，深化国有企业改革，完善各类国有资产管理体制，推动国有资本更多投向关系国家安全和国民经济命脉的重要行业和关键领域，不断增强国有经济活力、控制力、影响力。毫不动摇地鼓励、支持、引导非公有制经济发展，保证各种所有制经济依法平等使用生产要素、公平参与市场竞争、同等受到法律保护。健全现代市场体系，加强宏观调控目标和政策手段机制化建设。同时还要全面提高经济开放水平，加快经济发展方式的转变，促进产业结构的转型升级。

（2）2013—2014 年进一步完善现代公司制度，发展混合所有制经济

2013 年 11 月，党的十八届三中全会提出要进一步推动国有企业完善现代企业制度。国有企业在发展方面和改革工作方面大体上与市场发展相结合，我们在改革的同时要求国有企业在改革中应该与国际、国内经济市场相融合，规范国有企业经营模式，不断增强国有企业的市场综合竞争能力，强化企业内部管理，优化国有企业的企业文化，提高国有企业员工的整体素质，从而提高企业经济效益。

（3）2014—2015 年建立法制经济，完善国有企业改革外部配套设施

2014 年 10 月，十八届四中全会提出要建立社会主义法治经济，加强对国有、集体资产所有权、经营权和各类企业法人财产权的保护，加强企业社会责任立法，完善激励创新的产权制度、知识产权保护制

度和促进科技成果转化的体制机制，加强市场法律制度建设，为国有企业改革创建一个公平有序的外部环境[7]。

（4）2015年至今全面深化国企改革

2015年8月24日，中共中央、国务院印发了《关于深化国有企业改革的指导意见》，这是新时期指导和推进国有企业改革的纲领性文件，开启了国有企业发展的新篇章，也是中国国企改革发展史上的里程碑。该文件明确指出：第一，到2020年在重要领域和关键环节取得决定性成果，形成符合我国基本经济制度和社会主义市场经济要求的国资管理体制、现代企业制度、市场化经营机制，国有经济活力控制力、影响力、抗风险能力明显增强；第二，将国有企业分为商业类和公益类，并实行分类改革、分类发展、分类监管、分类定责、分类考核，推动国有企业同市场经济深入融合；第三，针对国有企业存在的制约不足的问题，提出了积极引入各类投资者实现股权多元化，大力推动国有企业改制上市，创造条件实现集团公司整体上市；第四，混合所有制改革不设时间表；第五，国资委向"以管资本为主"转变；第六，加强和改进党对国有企业的领导。这些新措施，可以有力提升国企的盈利能力，增强国企的竞争力，尤其是研发创新能力，从而加快国企的发展步伐。

2015年11月10日，中国共产党第十八届中央委员会第五次全体会议审议通过了《中共中央关于制定国民经济和社会发展第十三个五年规划的建议》[8]，创造性地提出了"创新、协调、绿色、开放、共享"五大发展理念。五中全会提出的各项部署要求，对国企国资改革发展产生重大而深远的影响，会议要求国企必须深刻认识我国经济发展进入新常态这一阶段性特征，主动适应新常态、把握新常态、引领新常态，必须努力破解发展难题，增强发展动力，厚植发展优势，必须全面深化改革，做强、做优、做大国有企业，更好地发挥顶梁柱和主力军作用。

党中央、国务院颁布《关于深化国有企业改革的指导意见》后，相继出台了22个配套文件，形成了"1+N"政策体系，并形成了国企改革的顶层设计和四梁八柱的大框架。"1+N"政策体系包括如下内容。

在分类推进国有企业改革方面：《关于国有企业功能界定与分类的

指导意见》《关于完善中央企业功能分类考核的实施方案》;

在完善现代企业制度方面:《关于进一步完善国有企业法人治理结构的指导意见》《关于开展市场化选聘和管理国有企业经营管理者试点工作的意见》《关于深化中央管理企业负责人薪酬制度改革的意见》《关于合理确定并严格规范中央企业负责人履职待遇、业务支出的意见》;

在完善国有资产管理体制改革方面:《关于改革和完善国有资产管理体制的若干意见》《关于推动中央企业结构调整与重组的指导意见》;

在发展混合所有制经济方面:《关于国有企业发展混合所有制经济的意见》《关于鼓励和规范国有企业投资项目引入非国有资本的指导意见》《关于国有控股混合所有制企业开展员工持股试点的意见》;

在强化监督防止国有资产流失方面:《关于加强和改进企业国有资产监督防止国有资产流失的意见》《关于建立国有企业违规经营投资责任追究制度的意见》《企业国有资产交易监督管理办法》《上市公司国有股权监督管理办法》《关于进一步加强和改进外派监事会工作的意见》;

在加强和改进党对国有企业的领导方面:《关于在深化国有企业改革中坚持党的领导加强党的建设的若干意见》;

在为国有企业改革创良好环境方面:《关于支持国有企业改革政策措施的梳理及相关意见》《关于印发加快剥离国有企业办社会职能和解决历史遗留问题工作方案的通知》;

其他:贯彻落实《中共中央国务院关于深化国有企业改革的指导意见》改革举措工作计划,贯彻落实《中共中央国务院关于深化国有企业改革的指导意见》重点任务分工方案,《关于国有企业改革试点工作事项及分工的方案》。

1.1.3 中国铁路改革历程

回顾我国国有企业改革的历程,总结改革推进的经验教训,可以使我们更好地认识和把握国有企业改革进程的轨迹及内在逻辑,加深对市场定位问题的认识,从而在铁路改革中探寻更有效的方法,实现全面深化铁路改革的目标[4]。

铁路作为国有企业中重要的组成部分，也同样有复杂的改革历程。

1. 铁路体制改革的初期探索

我国铁路改革始于 20 世纪 70 年代末至 80 年代前期的改革开放初期。这一时期我国铁路改革的两大主要范畴是：初步推行扩权让利和经济责任制。

权利和责任下移，其政策设计的要旨在于：期望由此克服传统铁路体制过于高度集权的弊端，激活并释放基层及职工个人的积极性，以求完成整个铁路发展内在动力的优化。

在传统集权体制框架内，权利与责任下移的政策创新，表明了国家铁路早期改革的基本追求：内部经济权利和责任的微观重构。

2. "扩权让利"的制度创新

1979 年，上海铁路局在全路率先进行改革探索，最初在上海车辆段进行扩大企业自主权的试点，逐渐推广到全局。1981 年，铁道部对上海铁路局等三个部属企业进行了"扩权让利"试点。1982 年 4 月，铁道部对全路所有企业下放了涉及计划、财务、物资、机构设置、劳动工资、干部任免等 17 项权限。1984 年 5 月，国务院颁发了《关于进一步扩大国营工业企业自主权的暂行规定》，规定扩大企业 10 项自主权：生产经营计划权、产品销售权、产品价格权、物资采购权、资金使用权、生产处置权、机构设置权、人事劳动权、工资使用权、联合经营权。据此，1984 年 6 月，铁道部再次下放 36 项权限，两次向下扩权共计 53 项。

3. 承包经营责任制阶段

"承包"是扩权后企业经营责任的实现形式。我国铁路承包经营责任制的实施，也是国家改革全局的一个组成部分。

我国铁路承包经营责任制的推行始于上海铁路局。上海铁路局在 1979 年"扩权"试点的基础上，经铁道部批准，于 1980 年在全局范围内进行与"扩权"相结合的经济责任制探索。

1982 年，上海铁路局参照其他国有企业（如首钢）的做法，结合铁路实际特点，与扩权让利同步，建立了路局、分局、站段三级经济责任制。基本做法是：对上包死基数、确保上缴、超收分成、少收自补。路局内部操作，主要是将路局对铁道部承担的责任以及路局运营的目标和有关各项工作，按责、权、利结合的原则层层分解，由分局、站段层层承包，一直包到岗位和个人。上述做法突破了原有的管理模式，并且很快取得了明显的效果。

4．确立中国铁路体制改革市场取向阶段

经历了"放权让利""承包责任制"等改革的初步探索，在中共十四大和十四届三中全会之后，我国铁路开始了走向市场的战略性转变。

这一战略性转变的基本内涵在于：深化铁路改革，必须紧紧围绕发展社会主义市场经济这个全局性的战略目标；必须积极探索社会主义市场经济的一般原则在铁路运输业中的具体实现形式；逐步实现市场优化配置运力资源的基础作用；逐步确立铁路运输企业的市场主体地位；正确处理社会效益与企业效益的关系；建立有中国特色的铁路新管理体制和运行机制。

1994 年 4 月 22 日，《铁道部关于贯彻党的十四届三中全会〈决定〉深化铁路改革若干问题的意见》（以下简称《意见》）以铁党〔1994〕12 号文件正式下发。这个文件，既提出了铁路改革的基本方向和总体目标，又确定了近期的具体任务和政策措施，初步构成了铁路进一步改革的基本框架。《意见》概括总结了新时期以来铁路管理体制和经营机制发生的巨大变化，强调指出："改革开放是推动铁路发展的强大动力，深化改革是铁路实现历史性大发展的必由之路"[10]。

5．铁路改革成果

（1）"网运分离"改革

1998 年，以所谓"网运分离"为特点的第二轮铁路改革开始。由于亚洲金融危机以及中国南方水灾影响，已连续亏损 4 年的中国铁路系统雪上加霜。在此背景下，铁道部开始推行"网运分离"的改革思路。铁道部向国务院上报"网运分离"方案，提出重组后的目标格局是：一个路网公司、5 至 7 个客运公司、3 至 5 个货运公司和 2 至 3 个专业公司。

（2）"网运合一、区域竞争"改革

2003 年，"网运分离"改革停止，之后开始了新一轮改革，称为"网运合一、区域竞争"。然而这项改革再次被搁浅，因为不能确保公平竞争；同时，其中的过轨运输问题、财务清算问题与现行体制冲突。交易和契约关系存在于铁路公司之间和铁路公司与政府之间，这种关系也与现行管理体制相违背。因为按照现行管理垂直一体化的管理体制，所有的契约和交易都是由铁道部最终决定。新方案对铁道系统震动较小，改革成本也较低，是一种更为现实的解决方案。只是，该方案可以解决铁路系统政企不分的问题，但无法实现充分的市场竞争，结果也被暂时搁置。

（3）"主辅分离"改革

2003 年下半年"主辅分离"改革开始，分离与运营无关的辅业。铁道部将中铁物资总公司与铁通通信公司移交国资委；铁道部部属 4 个勘察设计院、铁路局所属 38 家设计施工企业移交国资委下属的工程总公司和建筑总公司；铁路部门下属的 319 所中小学、50 所幼儿园、52 所医院全部纳入社会服务体系，其他多种经营企业也逐步进行剥离改制。2005 年 3 月 18 日，铁道部出台"铁道部—铁路局—站段"三级管理模式的改革方案。该方案指出：从即日起撤销全国所有铁路分局，铁路系统由原来的四级管理体制改为三级管理体制。除了设置三级管理体制之外，还准备在北京、上海、武汉、广州建设四大铁路枢纽，打破长期计划体制形成的小区域分割格局。无论是主辅分离，还是缩减管理层次，都旨在降低管理费用、提高效率、增强竞争力[11]。

2003—2011 年，铁路改革一直未获实质性进展。体制改革长期让位于大规模的路网建设，铁道部提出的所谓深化改革的内容，大多集中在投融资改革、主辅分离、司法系统分离等层面，并无涉及政企分开的实质性内容。

2010 年，国务院曾经发文，要求铁道部尽快拿出改革方案，但铁道部拿出的方案由于争议较大，没能获得通过。

　　中国铁路系统内外对铁路体制改革一直存有截然不同的两派意见。"改革派"认为，铁道部政企不分的体制缺陷是目前铁路引资的最大障碍，其既当"运动员"又当"裁判员"的管理体制，是导致铁路内外多种矛盾的根本原因。"发展派"则认为，中国铁路目前的主要矛盾仍是运力不足与经济发展之间的矛盾，必须大规模开展新线建设，铁道部政企合一的体制有利于中国的铁路建设。

　　（4）中国铁路总公司成立

　　根据十二届全国人大一次会议批准的《国务院机构改革和职能转变方案》，实行铁路政企分开，组建中国铁路总公司。2013 年 3 月 14 日，中国铁路总公司正式成立。

　　中国铁路总公司承担铁道部的企业职责，以铁路客货运输服务为主业，实行多元化经营；负责铁路运输统一调度指挥，负责国家铁路客货运输经营管理，承担国家规定的公益性运输，保证关系国计民生的重点运输和特运、专运、抢险救灾运输等任务；负责拟订铁路投资建设计划，提出国家铁路网建设和筹资方案建议；负责建设项目前期工作，管理建设项目；负责国家铁路运输安全，承担铁路安全生产主体责任。

　　（5）高铁票价改革

　　国家发改委发布《关于改革完善高铁动车组旅客票价政策的通知》（以下简称《通知》），从 2016 年 1 月 1 日起放开高铁动车票价，改由铁路总公司自行定价。

　　《通知》要求，对在中央管理企业全资及控投铁路上开行的设计速度 200 km/h 以上的高铁动车组列车一、二等座旅客票价，由铁路运输企业依据价格法律法规自主制定；商务座、特等座、动卧等票价，以及社会资本投资控股新建铁路客运专线旅客票价继续实行市场调节，由铁路运输企业根据市场供求和竞争状况等因素自主制定。

　　在此之前，高铁票价的制定主要是按照里程数乘以一个固定的基准价。在 2007 年铁道部发布的《铁运电〔2007〕75 号》文件中，规定了旅行速度达到 110 km/h 以上的动车组列车软座票价基准价，如二等座票为每千米 0.280 5 元，可上下浮动 10%。铁路之前的固定票价对老百姓有利，但对自身发展有很大的压力。票价太低造成高铁运营亏损，放开高铁票价，不再由国家统一定价，可以在一定程度上吸引民营资本投入铁路项目[12]。

（6）进一步深化改革

2017年，中国铁路总公司召开工作会议，明确指出将坚持深化供给侧结构性改革，发挥市场在资源配置中的决定性作用，努力提高铁路资本经营效益；将规范和落实铁路两级主体企业权责；研究推进铁路企业债转股，深化铁路股权融资改革；研究探索铁路资产证券化改革；开展混合所有制改革；加大综合经营开发力度，推出一批土地综合开发项目。

2017年4月21日起，为适应运输市场需求，构建市场化定价机制，依据《国家发展改革委关于改革完善高铁动车组旅客票价政策的通知》（发改价格〔2015〕3070号），综合考虑建设运营成本、市场需求和多种运输方式的比价关系等因素，铁路企业将对东南沿海高铁开行的200~250 km/h动车组列车的公布票价进行优化调整，沪杭、杭甬段300 km/h高铁动车组票价不在调整范围。发改委在《关于改革完善高铁动车组旅客票价政策的通知》中指出：铁路运输企业制定高铁动车组一、二等座旅客票价时，应当制定无折扣的公布票价（以下简称"公布票价"）。同时，可根据运输市场竞争状况、服务设施条件差异、客流分布变化规律、旅客承受能力和需求特点等实行一定折扣，确定实际执行票价。公布票价和实际执行票价要按照明码标价制度规定，及时通过网络和售票窗口等渠道告知旅客。制定公布票价应当在售票前对外公告，调整公布票价应当提前30天对外公告。

2017年5月15日，中国铁路总公司党组书记、总经理会见阿里巴巴集团董事局主席时，发表了"双网融合"的看法，欢迎阿里巴巴参与铁路混改。在会面中，中国铁路总公司表示希望在巩固支付宝应用、实名信息核验服务以及车站导航等方面合作的基础上，双方在高铁快运、国际物流、电子支付以及混合所有制改革等领域进行更深入的合作。

2017年7月14日，中国铁路总公司在与腾讯董事局主席会谈时表示，推进高铁网与互联网双网融合，既是时代发展、科技进步的必然趋势，也是双方实现优势互补、互利共赢的战略选择；中国铁路总公司正在探索推进优质资产资本化、股权化、证券化，欢迎腾讯公司参与铁路企业混改，进一步放大高铁的溢出效应。

2017 年 7 月 17 日开始，中国铁路总公司正式推出"高铁外卖"服务，广州、上海、杭州、天津等 27 个主要高铁客运站提供互联网订餐服务。旅客可以根据需要在 12306 网站或 APP 上点餐，指定的餐厅将在开车前 40 min 内完成制作，随后将餐盒送至高铁车站的网络订餐配送中心，由中心最终完成站内的送餐上车服务。

2017 年 7 月 20 日，中国铁路总公司与一汽集团公司签署战略合作协议，欢迎一汽集团参与铁路优质资产资本化、股权化、证券化和铁路企业混合所有制改革，共享改革红利。

2017 年 8 月 8 日，铁路部门在上海联合产权交易所举办铁路土地综合开发项目推介会，推出 21 个土地综合开发项目，与 143 家大型企业进行了交流和沟通。铁路部门本次推出的土地综合开发项目包括既有铁路、新建铁路土地综合开发，物流园区经营开发及昆明米轨铁路综合开发等 21 个项目，涉及土地约 13.7 平方千米。土地是铁路企业重要的资产和资源，加强铁路土地综合开发，与社会资金、技术、管理等资源实现融合发展和优势互补，有利于盘活铁路土地资源，提高土地资产开发质量和效益，拓展铁路多元化经营渠道；有利于改善和提升铁路周边环境质量，促进区域经济社会发展和城镇化建设。

2017 年 11 月 15 日，中国铁路总公司所属 18 个铁路局均已完成公司制改革工商变更登记，11 月 19 日正式挂牌，这标志着铁路公司制改革取得重要成果，为国铁实现从传统运输生产型企业向现代运输经营型企业转型发展迈出了重要一步。

6. 进行铁路改革是大势所趋

从铁路改革的历程来看，铁路作为计划经济体制下的半军事化、高度集中的行业，改革经历了初期探索的"扩权让利"阶段、承包经营责任制阶段，以及近些年的"网运分离"改革阶段、"网运合一、区域竞争"改革阶段、"主辅分离"改革阶段和中国铁路总公司成立阶段。所有这些改革，从经济学的角度进行考察，实际都是对铁路与国家的关系以及铁路自身的定位进行艰难地摸索和探讨，虽然不能否认在这些阶段施行的改革步骤具有特别重要的意义，然而从实际情况看，这些改革都没有脱离开老一套的计划经济的铁路体制，没有真正冲破体制的束缚。铁路改革还停留在放权让利等阶段，落后于其他行业改革可能有 20 年。

同时，国家也非常重视铁路的改革和发展，2016 年，中央经济工作会议明确要求铁路领域 2017 年要迈出实质性改革步伐，为促进铁路行业改革提速提出了目标。2018 年，中央经济工作会议提出加快推动中国铁路总公司股份制改造。中国铁路总公司作为国内最大的央企，自 2013 年政企分开后，改革步伐较小，铁路改革进展备受各方关注。铁路"十三五"规划的落实将形成更大资金缺口，同时高铁在东中西部的盈利分化加速，因此铁路改革已迫在眉睫。

1.1.4　当前铁路改革目标与路径研究现状

本套丛书的前 11 个专题阐述了 11 个比较重要的铁路改革目标（关键问题），那么，如何把这些目标（关键问题）之间的关系理顺，谁主要、谁次要，谁先改、谁后改，这些问题非常现实地摆在铁路改革决策者和参与者的面前。其实，上述问题就是全面深化铁路改革的路径问题。明确铁路改革目标与路径，不仅能够团结铁路广大干部职工积极参与改革，而且对于促进公众理解和支持铁路改革具有重要意义。

关于"路径"一词，更具有普遍意义的定义可参见专栏 1-1。

【专栏 1-1】　关于"路径"的定义

路径亦作"路迳"。

1. 道路

陆深（明）《燕闲录》："山西州县多在山谷之间，路迳崎岖，搬运极难。"

《老残游记》第八回："石头路径，冰雪一冻，异常的滑。"

鲁迅《故事新编·起死》："草间有一条人马踏成的路径。"

萧红《家族以外的人》："并且路上的落叶也厚了起来，树叶子完全盖着我们在走着的路径。"

2. 指到达目的地的路线

乔吉（元）《金钱记》第一折："女孩儿从幼未曾出着闺门，我又不知路径，教我怎生去的？"

《古今小说·吴保安弃家赎友》："正不知那一条是去路。李蒙心中大疑，传令暂退平衍处屯扎，一面寻觅土人，访问路径。"

冯梦龙（明）《东周列国志》第四十七回："终甥留下暗号，认得路径，沿坑而走。"

《文明小史》第十五回："连年小考，苏州是来过的，於一切路迳，尚不十二分生疏。"

冰心《最后的安息》："惠姑也笑说：'可不是么，只为我路径不熟，幸亏你在后面拉着，要不然，就滚下去了。'"

3. 比喻办事的门路、办法

《朱子语类》卷四十："世间也只有这一个方法路径，若才不从此去，少间便落草，不济事。"

鲁迅《南腔北调集·<木刻创作法>序》："采取新法，加以 中国旧日之所长，还有开出一条新的路径来的希望。"

张天翼《谭九先生的工作》："他们开口闭口总是'谭会长，这个路径要请您老人家示下。'"

4. 指人的行径，亦指世道

罗洪《践踏的喜悦》："你去看吧，这么大清早，总不是什么好路径！"

5. 在计算机中，指指向文件或某些内容的文本标识，常用斜杠"\"或"/"分隔每一个区间，斜杠后面是前面的子项。

简而言之：① 铁路改革目标，是指对改革效果的描述，即通过铁路改革，对未来铁路行业相关的各个方面所期望呈现的状态的描述；② 铁路改革路径，是指从现状到设定的目标之间，需要完成的一系列步骤、措施（本书"路径"一词取专栏 1-1 中第 3 种含义，意为"比喻办事的门路、办法"）。

目前，我国铁路改革主要有三种典型方案，即① 区域分割方案；② 单一的网运分离方案；③ 综合改革方案。其中，综合改革方案包括魏际刚方案（主要特点是"网运分离+路网垄断+运营垄断+业务单一化且垄断"）和左大杰方案（主要特点是"网运分离+路网垄断+运营竞争+全业务竞争"）。

1. 区域分割方案（路局合并方案）

区域分割方案改革的目标是打破垄断、重塑铁路运输企业、引入竞争、提高效率、吸引民间资本、加快铁路发展。其改革路径是将 18 个铁路局（公司）重组为几大区域铁路公司，几大区域铁路公司各自在其管辖范围内实行统一调度指挥，具有投资、决策、财产处置的权力，具有完全的市场主体地位。在几大区域铁路公司之上不设统一调度指挥机构，几大区域铁路公司之间是市场交易关系（详见本书 6.1 节）。

2. 网运分离方案

网运分离指把具有自然垄断性的干线路网基础设施与具有竞争性的客货运输分离开，组建一个统一的国家铁路路网公司，以及若干个适应市场需求，实行专业化、规模化经营的客运公司和货运公司，实行分类管理。

国内学术界还未形成关于铁路产业改革模式的比较统一的意见。俞洁敏[13]提出的"网运分离"可能是一种较为理想的模式，结合中国铁路实际，提出了三种不同经营范围的较具代表性的比选方案：一是组建承担管内、直通全部客运业务的全局性客运公司，其对企业重构意义较大，且有利于发挥规模效应，但对路局和分局的管理体制及利益机制将有重大调整，并因含直通运输，运输组织和清算办法的协调突破难度较大；二是组建以管内客运为主体的地区性客运公司，因不含直通运输，运输组织和清算可自主确定，实施难度和阻力相对较小，但可能增加管理机构和协调管理的难度；三是组建以某一类（趟、线）具有品牌效应的列车，如"双优"列车、特级列车、旅游列车等为主体的客运公司（或中心），其经营范围和规模较小，利益格局调整不大，对现行管理体制和清算办法的影响也较小，较易起步，但因规模较小，协调工作量较大。

荣朝和[14]从"网运分离"的角度出发，指出了我国铁路行业重组可以选用的四种形式，将其分别称作"三分方案""二分方案""一分方案"和"0分方案"。其中，"三分方案"指的是比较彻底的"网运分离"，即不但线路与运营分离，而且客货分离；"二分方案"指的是只做线路与运营的"网运分离"，但客货不再实行分离；"一分方案"指的是只把客运与货运分离，多家客运公司是纯粹的上部公司，但货运公司保留"上下合一"的形式；"0分方案"则是指不实行"网运分离"，且保持客货运输合一的运输组织形式。无论哪一种方案，新组建的客货运输公司都不能再以过去铁路局的管界作为企业边界，而要服务于整体路网效率和运输市场竞争的需要。

欧国立[15]指出我国铁路应建立可竞争的市场结构，采取更加灵活的激励性规制政策，逐步放松规制，引入内部竞争机制。

根据"网运分离"方案中路网公司、运营公司数量及其相互关系的不同，可将网运分离方案大致分为两个阶段。

第一阶段以文献[14,16-18]为代表，提出将具有自然垄断性的国家铁路网基础设施与具有市场竞争性的铁路客货运输分离，但对路网公司、运营公司的数量及产权关系未做明确要求。这一阶段的"网运分离"方案曾在小范围内实施，但由于多方面的原因未取得实质性进展。

第二阶段以文献[19]为代表，主要特点包括两个方面：一是建立一个全国统一的路网公司（以维护路网整体性）与一大批运营公司（以加强客货运输市场竞争）；二是为所有运营公司公平竞争创造必要条件，建议严格禁止路网公司以任何形式参与运营业务，迫使路网公司能且仅能通过服务于运营公司体现自身价值。否则，庞大的路网公司在利益驱使下会衍生出众多的有直接共同利益的运营公司，使其在铁路运输网络上既是"裁判员"又是"运动员"，由路网公司参股或控股的运营公司更容易获得潜在的运营优先权，从而使得其他不具备这种关系的运营公司处于不利地位，这也是我国曾经小范围内试行"网运分离"最终失败的主要原因之一。

3．综合改革方案

（1）综合改革-魏际刚方案

综合改革-魏际刚方案是顶层设计加自上而下的改革路径，其改革目标是形成全面激发铁路发展活力，增强行业竞争力和持续发展能力，更好地为经济社会发展服务的体制；铁路行业真正成为市场主体；形成统一开放、公平公正、有效竞争的铁路运输市场；行业管理、监管、治理高效，法律体系完备。综合改革-魏际刚方案"六步走"具体的改革步骤如下：

第一步，加快推进铁路货运改革。将铁路总公司的货运功能进行分离，成立中国铁路货运公司，其下可考虑设中国铁路大宗物资运输公司、中国铁路快运公司、中国铁路特种货物运输公司、中国铁路集装箱多式联运公司等。中国铁路货运公司定位为铁路货物运输和物流企业，自身不拥有铁路网资源。

第二步，稳妥推进铁路客运改革。分离铁路总公司的高速铁路客运功能，成立中国高速铁路客运公司，其下可设中国南方高速铁路公司和中国北方高速铁路公司。分离中国铁路总公司的普通客运功能，成立中国普通铁路客运公司。中国高速铁路公司定位为竞争性客运企业，全面参与市场竞争。中国普通铁路客运公司定位为（准）公益客运企业。中国高速铁路客运公司和中国普通铁路客运公司不拥有铁路网资源。

第三步，成立专门的铁路路网公司。依托铁路总公司现有的路网资源组建中国铁路路网公司,负责铁路路网及其相关基础设施的建设、运营、维护以及路网的统一运营调度。

第四步，成立专门的铁路清算公司。依托铁路总公司现有的财务清算职能，组建中国铁路清算公司，负责铁路客货运输与路网公司的财务清算，清算规则向全社会公开。

第五步，撤销铁路总公司，组建中国铁路投资和资产管理公司。由财政部出资组建，负责铁路建设资金的筹集、债务处理和路网建设。中国铁路投资和资产管理公司的资本金由中央财政资金、省区市地方财政资金、大型央企投资构成，同时吸纳铁路建设基金、铁路债券、银行保险资金等。中国铁路货运公司、中国高速铁路客运公司、中国铁路清算公司由国资委负责绩效考核；国家铁路局对铁路市场主体实施安全监管和市场监管。

第六步，推动铁路客货公司成为具有现代企业制度、符合运输业发展规律、高效率、有活力的现代铁路运输企业。推动中国铁路货运公司、中国高速铁路客运公司成为国资控股的混合所有制企业，建立能够充分体现各方利益和诉求的科学、规范、透明的法人治理结构[20]。

综合改革-魏际刚方案的实施路径是先进行铁路行业内部战略性重组，成立一批"中"字头大型铁路客运公司、货运公司以及路网公司等，撤销铁路总公司，组建中国铁路投资和资产管理公司，然后全面放开铁路市场。

综合改革-魏际刚方案的突出特点主要包括以下几点：① 注重顶层设计；② 以"网运分离+路网垄断+运营垄断+业务分割"作为改革目标；③ 选择"自上而下"的改革路径。但是，路网与运营业务边界、资产边界很难在顶层设计阶段明确，所以边界判断失误的风险很高，从而可能导致铁路系统内部混乱。

（2）综合改革-左大杰方案

综合改革-左大杰方案是顶层设计加自下而上的改革路径，其改革的主要目标是制定国家铁路所有权政策，妥善处置网运关系，建立现代企业制度，实现混合所有制，改革投融资体制，有效处置铁路债务，制定铁路运输定价机制，建立公益性补偿机制，建立企业运行机制，明确改革目标与路径，完善改革保障机制，健全铁路监管体制。综合改革-左大杰方案按照"六步走"的实施路径积极稳妥统筹推进铁路改革，其路径包括改革准备阶段、运营业务公司化（运营资源整合）、网运分离、路网整合（路网资源整合）、铁路国有资产管理体制改革和配套改革六步。

以上两种综合改革方案中，综合改革方案-魏际刚与综合改革方案-左大杰的改革目标与实施路径是不同的。综合改革-魏际刚方案在网运分离、路网垄断的基础上提出运营垄断，将业务进行分割，而综合改革-左大杰方案在网运分离、路网垄断的基础上建议运营竞争，这是两者的本质区别。后者具有顶层设计与自下而上相结合、中国铁路总公司优势与市场机制相结合两个突出特点，改革进程具有很好的可持续性与操作性，可以在外部有效监督、中国铁路总公司强力主导下快速推进，既能充分利用中国铁路总公司的体制优势，又能以市场手段逐步推进改革[21]。

1.2　研究意义

随着国务院机构的改革和职能的转变，已经规划多年的铁路制度改革终于尘埃落定，铁路改革方案在社会上引起了很多人的关注，他们对铁路政企分开的改革方案也是议论纷纷，褒贬不一。其实各种铁路体制模式都有其优缺点，完美的模式是没有的。中国的铁路改革需要借鉴各国经验，也需要结合自己的特点。一直以来，我国铁路改革目标与路径尚未确定，但铁路改革要落到实处，需要有明确的改革目标与实施路径作为指导，从而统筹兼顾地推进铁路改革。

我国铁路自身存在的问题越发严重，一系列深层次问题倒逼我国铁路必须进行综合改革。长期以来，我国铁路发展水平滞后、组织复杂，使得铁路改革进程缓慢；反过来，铁路改革的迟缓脚步也制约了我国铁路的进一步发展。

现在电力、通信等领域的改革都取得了重大突破，而我国铁路改革进程却严重滞后，已经成为"计划经济的最后堡垒"[22]。目前，铁路改革的目标、路径仍然不明确，这将会严重阻碍铁路改革的进程，因此全面深化铁路改革的目标与路径亟须明确。

1.3　研究内容与研究方法

1.3.1　主要研究内容

第 1 章首先总结我国全面深化改革背景，然后介绍我国国有企业改革历程，接着回顾我国铁路改革的背景，最后总结我国铁路改革目标与路径研究现状，分别简要介绍了区域分割方案、网运分离方案、综合改革-魏际刚方案以及综合改革-左大杰方案，并总结了综合改革-魏际刚方案和综合改革-左大杰方案的特点，为进一步分析铁路改革目标与路径做了基础铺垫。

第 2 章主要介绍国外铁路改革的各项实践，通过分析国外铁路改革目标与路径的实践及启示，为我们铁路改革目标与路径提供相关借鉴意义。

第 3 章主要论述现阶段我国网络型产业，例如电力、民航、电信等具有垄断性的网络型产业的改革历程和改革经验。由于具有垄断性的网络型产业经营和管理方面有很多共通之处，通过分析这些企业的改革经验，可以为我国铁路改革目标与路径的确定提供借鉴与参考。

第 4 章主要介绍我国铁路改革的目标及其相互关系，包括确定铁路的国家所有权政策、妥善处置铁路网运关系、建立铁路现代企业制度、实现铁路混合所有制、改革铁路投融资体制、有效处置铁路债务、制定铁路运输定价机制、建立铁路公益性补偿机制、优化铁路企业运行机制、健全铁路监管体制、完善铁路改革保障机制、明确铁路改革目标路径 12 个目标。

第 5 章主要介绍我国铁路改革的实施路径。具体阐述了改革的顶层设计和自下而上的"六步走"实施路径，具体包括改革准备阶段、运营业务公司化（运营资源整合）阶段、网运分离阶段、路网整合（路网资源整合）阶段、铁路国有资产管理体制改革阶段以及配套改革阶段。

第 6 章为我国全面深化铁路改革现有的三类备选方案间的比选，其分别是区域分割方案、网运分离方案、综合改革方案（包括综合改革-魏际刚方案以及综合改革-左大杰方案），主要介绍各备选方案的基本思路、主要特点及可行性，通过对各备选方案改革目标路径比选，最终建议综合改革-左大杰方案是我国铁路改革的推荐方案。

第 7 章主要提出了我国铁路改革的一系列保障机制，包括坚持党的领导，加强组织保障、政策保障、立法建设、人才培养、社会舆论宣传以及推进相关配套措施改革。通过上述各类保障措施，保证铁路改革有条不紊地统筹推进。

第 8 章为结论与展望，总结本次研究的主要结论并指出未来仍需研究的问题。

1.3.2　研究方法和思路

本书主要以国外铁路以及我国国有企业改革目标与路径的实践

及启示为指导，采取理论研究与实践分析相结合的研究方法来进行研究。

本书将采用以下研究方法。

1. 文献研究法

本书收集大量文献，甄选与总结改革目标与路径的研究现状，并大致分为以下二种：① 顶层设计和自上而下的改革路径；② 区域分割；③ 顶层设计和自下而上的改革路径。

2. 类比研究法

铁路与其他行业相比，有自身的特点，如铁路投资回报周期长，固定投资成本高以及提供的运输服务具有一定的公益性。所以，本书收集美国、日本与德国三个国家的铁路改革目标与路径实践以及我国电力、电信、石油行业的改革目标与路径实践做类比分析，并总结适合我国国情与路情的铁路改革目标与路径。

本书具体思路见图 1-1。

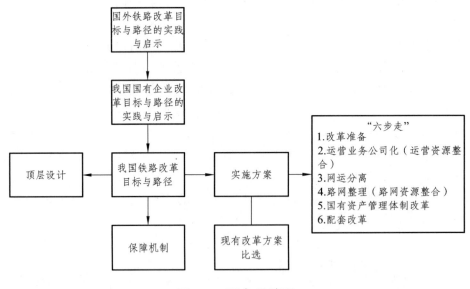

图 1-1　研究思路图

1.4 本章小结

本章主要介绍了本书的研究背景、研究意义、研究内容与方法。其中，研究背景主要介绍了我国全面深化改革的大背景、国有企业改革的背景以及铁路改革的背景，从而引出我国铁路改革目标与路径的现状。

我们认为铁路改革已经到了刻不容缓的地步，而铁路改革目标与路径的确定是铁路改革中至关重要的一个环节。铁路改革要落到实处，需要有明确的改革目标与实施路径作为指导，从而统筹兼顾地推进铁路改革。

我们建议以党和国家关于国企改革的一系列精神为指导，根据当前铁路实际，在提出全面深化铁路改革的主要依据、基本原则与主要目标的基础上，提出"六步走"的全面深化铁路改革路径，从而为我国铁路改革提供参考。

第 2 章　国外铁路改革目标与路径的实践及启示

本章主要介绍了美国、日本、德国铁路确立改革目标与实施改革路径的经历。通过介绍这些国家铁路改革的实践历程，总结其对我国铁路改革的启示，为我国铁路企业明确改革目标与路径提供借鉴。

2.1　美国铁路改革目标与路径的实践

美国是世界上最早修建铁路的国家之一，在英国人史蒂芬森 1825 年开始建造世界上第一条铁路后的第 3 年，即 1828 年，美国就开始动工修建铁路。美国铁路 180 多年的发展历程，大致可以分为起步时期（从 19 世纪 20 年代末到内战结束）、黄金时期（19 世纪 60 年代中期到 20 世纪 20 年代前期）、衰落困窘时期（20 世纪 20 年代到 70 年代）、新生稳定时期（20 世纪 80 年代至今）。

1830 年，第一条美国铁路的诞生对社会经济有较大的推动作用，之后美国铁路蓬勃发展。1880 年之后，越来越严格的规制改革让铁路发展举步维艰，同时公路、水路的发展也给铁路带来冲击，其间美国还遭遇了 1930 年的经济大萧条，铁路运输在 1970 年濒临崩溃。1980 年前后，政府剥离客运业务、《斯塔格斯铁路法案》放松管制使美国铁路重获生机，劳动生产力提高，运价降低，竞争力提高，铁路市场份额提升，投资回报率提高，铁路投资增加，安全状况得到改善。

我国正处于铁路改革目标与路径的确立阶段，介绍与探究美国铁路改革实践，有利于我们正确、全面地确立铁路改革目标与路径。

2.1.1　改革措施

第一次世界大战后，美国铁路委员会接管了所有美国铁路，实行集中统一管理。1920 年，联邦政府把铁路的管理权归还到私人手中。但其后来的法律规定，铁路行业实行统一的收费标准，铁路不能放弃"与公众利益有关的"线路和客运业务，这使铁路具有了更多的公益性质，在运输市场上的份额逐渐减少，铁路经营开始变得困难。自 1970 年以来，人们对铁路的认识随着现实的变化发生了根本改变，政府开始对铁路放松管制。1976 年颁布的《铁路复兴和规章改革法》和 1980 年颁布的《斯塔格斯铁路法》是放松对铁路管制的重要法律。颁布这两部法律，一是放松对铁路公司资产重组的管制，不再要求铁路公司继续经营亏损的线路；二是放松价格管制，扩大铁路公司的定价范围，使铁路公司获得了相当大的定价空间。政府放松铁路管制是以市场为导向的，其目标是逐渐赋予铁路灵活经营的规制环境。

1970 年，美国政府改组铁路公司、剥离亏损的客运业务。此外，根据 1973 年的《地区铁路重组法》，成立两个联邦代理机构——美国铁路协会和铁路服务规划办公室，两者分别负责规划地区铁路系统和指导铁路并购。1973 年，美国政府投入大量资金，对濒临破产的铁路进行重组，帮助亏损企业组建联合铁路公司，并免除其许多规制规定的责任和义务。1987 年，联合铁路公司上市筹资 16.5 亿美元（1 美元约 6.7 元人民币），完成了私有化。美国专门管制铁路的部门是联邦铁路署和路面交通局，前者负责铁路安全和噪声污染等技术方面的管制，后者负责对铁路进行经济方面的管制，其目标是确保铁路等运输市场的竞争和效率[23]。

2.1.2　改革成效

1973—1980 年，美国政府陆续颁布《区域重组法》《铁路复兴和规制改革法》和《斯塔格斯铁路法》后，全面放松对铁路行业的管制，引入市场竞争。一级铁路公司数量不断减少，行业集中度提升。1980—2000 年，美国铁路生产效率提高 173%。2003 年，铁路运价回升直接带动收入快速增长。2003—2014 年，铁路收入累计增长 113%，美国铁路业全面复苏，重新焕发生机[24]。

美国铁路改革后，美国铁路行业实现客货分离，铁路货运通过重组并购形成 7 家一级铁路公司，分别是柏林顿北方圣塔菲铁路公司（BNSF Railway，BNSF）、CSX 运输公司（CSX Transportation，CSX）、大干线公司（Grand Trunk Corporation）、堪萨斯南部铁路运输公司（Kansas City Southern Rail-way，KCS）、诺福克南方铁路分公司（Norfolk Southern Combined Railroad Subsidiaries，NS）、苏澳利涅铁路公司（Soo-Line Railroad）和联合太平洋铁路公司（Union Pacific Railroad，UP），其各自拥有区域铁路网络（任何 1 个公司的列车可以在另外 6 个公司的路网上畅通运行）①；铁路客运由政府出资成立全国性客运公司 Amtrak，向货运公司租借路网，依靠政府补助维持有效运营。Amtrak 公司是目前美国唯一一家提供长途铁路客运和城际间快速铁路客运服务的公司，其拥有全国总路线长 34 300 km，服务覆盖美国 46 个州和加拿大 3 个省份，总共超过 500 个车站。2016 年，美国铁路的总客流量为 3 130 万人次，总营业收入为 21.4 亿美元，均创下历史新高。重组后铁路行业集中度不断提高，7 家一级铁路公司贡献铁路货运 90% 以上的收入，运营 69% 的铁路里程，雇员数量超过行业总人数的 90%。

美国铁路改革后基本实现市场化定价。美国铁路已经形成较为成熟的市场化定价机制。货运价格由一级铁路公司与货主协商而定，合同运输比例超过 60%，运价优惠政策体现"多运少价"原则。客运价格定价方式灵活，由 Amtrak 根据市场需求而定，基于"收入管理法"实现需求合理预测和票价制定，同时提供相关的福利折扣和商业折扣。

美国铁路改革后其投融资体制以市场投资为主。美国的一级铁路公司均为上市公司，通过发行股票、债券、贷款等多种方式募集铁路建设资金，1980—2015 年累计投入 6 000 亿美元进行铁路基础设施建设。政府起引导扶持作用，强调公益性和政策性，重点扶持客运和二三级货运铁路，加强在客运基础设施、铁路线路改造和灾后重建等方

---

① 从这一点来看，笔者认为，美国的"货网合一"也具有网运分离的性质。

面的投入。总体而言，美国已经形成"以市场投资为主、政府引导为辅"的投融资体制[24]。

2.1.3　改革目标与路径

1．美国铁路改革目标

（1）全面放松对铁路行业的管制，引入市场竞争；
（2）客货分离，兼顾公益性与经济性；
（3）实现市场化定价；
（4）建立以市场投资为主的投融资体制。

2．美国铁路改革路径

美国铁路改革路径如表 2-1 所示。

表 2-1　美国铁路改革路径

改革步骤	改革内容	持续时间①
重新立法	从 1970 年开始，美国铁路从严格管制向放松管制转变，希望通过改革重振铁路运输业。铁路改革期间，国会颁布了一系列法律，包括《铁路旅客运输法》《地区铁路重组法》《铁路复兴与管制改革法》《斯塔格斯铁路法》等，通过立法保证了铁路改革的顺利实施	1970—1995
客货分离兼并重组	铁路货运通过重组并购形成 7 家一级铁路公司，各自拥有区域铁路网络；铁路客运由政府出资成立全国性客运公司 Amtrak，向货运公司租借路网，依靠政府补助维持有效运营	1970—2009
实行市场化定价	货运价格由一级铁路公司与货主协商而定，客运价格定价方式灵活，由 Amtrak 公司根据市场需求而定	1980
投融资体制改革	将部分铁路公司上市，通过发行股票、债券、贷款等多种方式募集铁路建设资金，建立"以市场投资为主、政府引导扶持为辅"的投融资体制	1976—2009

① 美国铁路改革和日本铁路改革不同，并没有在一开始就有一个总的方案，而是逐步实践来的，每一项改革目标的实现时间跨度很长，中间步骤很多，不是一蹴而就的过程。改革本来就没有终点，总是在不断地修正，该持续阶段以 2009 年形成 7 家一级铁路货运公司为截止时间。

2.2 日本铁路改革目标与路径的实践

日本铁路始建于 1872 年，随后发展迅速，到 1945 年已有 25 600 多千米铁路覆盖全国，其中 20 056 km 由国家运营，5 543 km 由私人运营。改革前，日本铁路分为国铁、私铁和城市公交铁路。国铁承担城际干线运输、城内运输及货物运输；私铁主要承担城市内部及城郊运输；城市公交主要是地铁。原国铁在全国铁路中占营业里程的 73%，客运周转量的 63%，货运周转量的 99%，是日本交通运输的核心。

管理体制及运行机制等方面的原因，造成原日本铁路在市场上运营不景气，生产率下降，并最终导致参与市场竞争的能力薄弱。早在 20 世纪 30 年代初期，私有铁路退出了货运市场，国铁在陆地货物运输中享有垄断地位，并一直维持到 20 世纪 50 年代，但其后公路运输能力的提高使其在与铁路的竞争中逐渐处于上风，港口和码头等基础设施的改善也为水运打开了大宗货物运输市场。

面对众多灵活性更强、市场反应更敏捷的竞争者，日本国铁经营上的各种弊端逐渐显现，市场竞争力日显不足，在 20 世纪六七十年代逐渐失去大部分市场，如在货运市场中的份额从 1960 年的 30.8% 下降到 1975 年的 13%，到 1980 年跌至 5%。20 世纪 60 年代后，日本的民航、汽车运输量猛增，与铁路的竞争激化。而国铁长期形成的庞大组织机构、"铁饭碗"保障和一元化经营形态，使其成本意识薄弱、生产效率低下，难以采取有效的应对措施，加上受到国家在运费、人事、投资计划等多方面的限制，导致铁路优势逐渐丧失，经营状况不断恶化。

1964 年，国铁开始亏损，在国家每年支付巨额补贴的情况下，20 世纪 80 年代国铁的赤字超过了 1 兆日元（1 日元约 0.06 元人民币），1985 年达到顶峰 1.85 兆日元。为了消除赤字，国铁反复提高运费，1986 年比 1980 年上涨了 38%，同期国铁的长期债务也高达 37.1 兆日元。尽管日本国铁也曾想利用特有的全国大一统网络优势，尽力改进服务，诸如提高集散能力、提供更多适用的集装箱和铁路车辆来增强在货运市场上的竞争力，但在原有体制下仅依靠单一的承运部门负责市场运作，难以提高市场应变能力和竞争力，20 世纪 80 年代日本政府开始对国铁进行改革。

2.2.1　改革措施

日本国铁 1987 年正式实施的改革，是在成功进行方案设计和具体法律制定基础上，分层次渐进推进的，其步骤大体可归纳如下。

（1）成立最高改革领导机构

日本国铁改革经过了较长时间的酝酿和准备，先是成立了"临时行政调查会"，经广泛讨论后得出国铁以原有的管理和经营方法无法实现根本性变革，必须实现民营化的结论，进而设置"国铁再建监理委员会"，进行了为期两年的论证，提出国铁改革方案，在征得国会的批准后，正式实施改革。这两个改革领导机构在日本国铁的整个改革过程中发挥了非常重要的组织和协调作用。

（2）改革方案设计

日本国铁改革采取的是"自上而下"的重组方法，对拥有和控制的铁路资产进行重组。铁路组织机构的设计首先在高层次的政府决策机构中得到认可，再以立法或其他正式协议的形式向上呈送设计建议书。随后，通过反复谈判、设计和市场测试，使建议成为明确和可行的最终方案。其过程包括三个阶段：政治协商阶段、计划阶段、投入实施阶段。这几个阶段是有逻辑顺序的，但每个阶段的独立工作又有重叠。

（3）制定相应的法律法规

为使国有铁路的股份制改革顺利进行，政府和国会首先制定和通过了《日本国有铁路改革法》及相关的 7 项法律。这些法律对改组的进程、改组的办法、债务的清算、人员的处理等都做了明确规定，以确保改革稳步推进。

（4）有步骤地对国铁公司进行股份制改造

根据上述方案设计和法律法规，有步骤地对国铁公司进行股份制改造。总体是按照先改组，即国有铁路被分为 6 个以专区划分的铁路客运公司和一个在全国市场享有特权的铁路货运公司，而后进行铁路的私营化，即向公众出售从国有铁路分解出的几个地区铁路公司的股票来进行的[25]。

改革内容主要是组建 JR 铁路集团，按地域分为 6 家客运公司，并成立了 1 家全国统一运行、向客运公司租借线路的货运公司。这些新公司最初是国家全额出资的特殊公司，但被要求必须尽早出售股份，向纯粹的民营公司转化。新的铁路公司具备经营自主性，具有明确的经营责任，国家不再限定公司的业务经营范围，运费和票价只需经运输大臣认可即可决定。由于国铁时代建设的新干线收益很好，改革之初成立了新干线保有机构，将新干线全部归其所有，并向各公司收取租赁费用于偿债，后于 1991 年将新干线全部卖出。国铁时期的巨额债务在不损害新公司的经营利益的前提下，由本岛的 3 个公司承担一部分，其余由国铁清算事业团处理，主要是用出售铁路周边土地、各公司股份和新干线的收入偿还。由于日本国内泡沫经济引发了金融危机和利息变动等原因使偿还计划受阻，1998 年制定了《国铁清算事业团债务处理法》，决定在新的结构下处理债务。同年 10 月，日本解散了国铁清算事业团，全部剩余债务移交给国家财政，国铁债务实际上变成了国家的债务。

2.2.2 改革成效

日本国铁民营化后，政府不再负责 JR 各铁路公司的生产经营，运输省依据铁道事业法和铁路经营法实现了对铁路管理。政府在铁路建设方面，主要负责审查新建铁路的勘测设计报告、线路运行速度、建设主体工程及概预算等，负责审批工程计划；在铁路运营方面，主要负责制定铁路技术标准，检查监督运输安全情况，审批运输价格，防止不正当竞争。民营化改革后，JR 各公司在实行股份制方面取得了重大进展。1993 年，JR 东日本公司股票上市。此后，东海和西日本公司股票也相继上市。三家公司合计卖出 2 万亿日元股票，其中，东日本公司卖出了 87.5% 的股票。国铁改组后，各铁路局的经营格局也得到了改善。日本铁路以客运为主，改组后 JR 各公司在区域划分上比较合理，体现了客流产生、变化的规律以及路网结构的特点，各公司之间直通运量比例较小（约占总运量的 5%），因此，各公司之间的清算分配简单明晰。对于直通旅客运输，发送公司收取本公司管内票价部分，剩余按相关公司运送里程分配，发送公司再收取这部分票价 5% 的手续费。对于公司间的过轨运输，由有关公司协议，原则上实行过轨列车数量对等，在不对等的情况下，按照车辆里程确定成本，进行清算。由于路网分割比较合理，各公司独立完成的运输收入占相当大比例，基本上不存在运输组织和收入清算方面的矛盾。

改革后的 1987—1990 年，铁路公司的运输绩效十分明显，这部分得益于当时的国民经济增长。其间，客运量年均增长 5%，货运量年均增长 10%，需求增加但成本有所降低。1991 年开始的经济衰退对铁路运输有所影响，但总体上各公司的客运量还是增加的。1996 年，JR6 家铁路客运公司共发送旅客 89.9 亿人次，旅客周转量 2 517 亿人千米，比 1985 年增长了 27.4%。运输量的增长带来了运输收入的提高，6 家客运公司在运价未涨的情况下，1997 年运输收入比 1987 年增长了 24.2%。

日本铁路安全情况比较好，1964 年以来，新干线未发生事故，其他线路发生的事故数量也逐渐减少。1997 年，日本铁路发生各类事故 964 件，比 1987 年的 1 479 件减少了 34.8%。改组以后的铁路服务质量明显改善，旅客购票、乘车十分便捷，铁路站内、车内环境整洁，服务设施齐全，列车的正点率较高[26]。

2.2.3　改革目标与路径

1．日本铁路改革目标

（1）扭转铁路亏损的局面，并解决庞大的债务问题；
（2）提高国铁适应市场的能力和增强竞争力；
（3）盘活国铁的资产存量；
（4）提供先进的运输技术和相应的高质量服务。

2．日本铁路改革路径

（1）成立最高改革领导机构；

（2）设计改革方案；

（3）制定与改革相适应的法律法规；

（4）逐步对国铁公司进行股份改制，该阶段具体实施路径如表 2-2 所示。

表 2-2　日本铁路股份制改革阶段实施路径

改革步骤	具体内容
企业改组	组建 JR 铁路集团，按区域公司模式分为 6 个客运公司和 1 个货运公司
资产重组	原国铁财产分配给各个 JR 公司，剩余的非核心资产移交给国铁清算事业集团
组织结构调整	国铁所有权转让给国铁清算集团，各铁路公司改组成股份公司，各公司有自己的管理机构，但其运营相关部门均统一由新的铁路管理部门（RA）领导，以便于协调
债务处理	原国铁巨额债务由本岛 3 个公司承担一部分，其余由国铁清算事业团处理，主要是用于出售铁路周边土地、各公司股份和新干线的收入偿还。1998 年，解散国铁清算事业团后，全部剩余债务移交国家财政
冗员安置	先号召职工志愿退职，剩余职工由清算事业团以临时救急措施安置下来，进行各种职业培训，并负责再就业安置
重新确定经营方向	各铁路公司确定利润目标，建立奖惩机制，确保目标实现

2.3　德国铁路改革目标与路径的实践

2.3.1　改革措施

德国 1835 年 7 月开通第一条私人铁路（纽伦堡—菲尔特）；1860 年初步形成全国性的私人铁路网；1871 年起，德国政府开始对铁路实施监管，各州政府开始建立州属铁路；1920 年 4 月，德国政府开始建立国有铁路，全国铁路达 58 370 km；1924 年 2 月，成立德意志帝国铁路公司，并收购私有铁路；1951 年，东德成立民主德国铁路，西德成立德意志联邦铁路；1994 年，东西德统一后，铁路实行改组合并，成立了德国联邦铁路股份公司、联邦铁路管理局、联邦铁路资产局。

德国铁路改革的目的是使其能够在市场经济竞争中摆脱亏损的困境，成为独立的以营利为目的的服务性企业。德国铁路改革的基本思路可以归纳为：以市场为导向、私有化为方向，实行政企分开，按照"网运分离"的模式，细分运输市场，实现铁路运输企业经营多主体的市场化运作[27]。

德国铁路改革的第一步是 1994 年 1 月 1 日原西德联邦铁路（DB）和原东德国有铁路（DR）进行彻底合并，重组为政府完全控股的股份公司（DBAG）。为加强管理，德国成立了两个专门机构：一是联邦铁路局，主要负责铁路安全，对铁路运输企业的资质进行审查，发放经营许可证，规划铁路投资建设，协调与其他运输方式的衔接，制定铁路技术标准，并进行相关数据的收集和整理；二是联邦铁路资产管理局，依法对铁路资产进行重组，负责吸收铁路改制分流人员，处理铁路相关的不良资产，对原有债务进行无缝接管，并负责进行化解。

德国铁路通过第一步实现政企分开后，建立了完整的技术标准体系。第一级为联邦铁路管理局颁布的法律、法规、职责条例和规程。由国会和政府通过了一系列有关铁路改革的法律法规，包括修订《基本法》和制定《铁路新秩序法》。《铁路新秩序法》主要包括《联邦铁路合并与重组法》《德国铁路股份公司组建法》《通用铁路法》《联邦对铁路交通运输管制法》《联邦铁路线路扩建法》《短途客运地方化法》《乡镇公共交通筹资法》等。第二级为德国国家规范 DIN（类似于我国的国家标准）。第三级为 DB 集团的规定、规章和规程。作为国家铁路法，《AEG：一般铁路法》是最高法律，规定了铁路的地位、作用等，适用标准为德国铁路技术管理规程（EBO）及各专业规范（DS、Ril）系列。DS、Ril 系列与工业标准 DIN 规范相互兼容，只补充与 DIN 规范不同或缺少的约定。随着欧洲的一体化，其部分标准由于通用性强，已纳入欧洲标准（EN）或与欧洲标准（EN）等效。

德国铁路改革第二步是利用 3~5 年时间继续对控股公司分拆，完成网运分离，为其他运输企业的进入创造条件，确定轨道使用办法及付费标准。运输企业可以通过竞争方式取得轨道的使用权。国内运输企业、国际运输企业以及联合企业均可以申请进入铁路运输业务。

德国铁路改革的第三步是私有化。DB 集团曾经讨论将公司全部拆分成小公司逐个上市。2006 年 6 月，DB 集团董事会明确表示公司将进行首次公开募股。2008 年 5 月，德国联邦议院批准了 DB 集团部分私有化计划，这为德国铁路上市奠定了基础。但到 2008 年年底，由于受金融危机的不确定因素影响，计划中的资本私有化进程被无限期推迟。2011 年 1 月，首次公开募股计划被彻底取消。目前，DB 集团仍然为国有独资的股份公司。因此，德国铁路现在采取"私有化经营、国家 100% 控股的股份制管理方式"。同时，市场开放使德国铁路的自由竞争局面初步形成。

德国铁路改革是将国家铁路组成一个新的企业——德国铁路股份公司（DBAG）。从 1998 年开始，DBAG 对基础设施、货运、长途客运、短途客运等经营部门进行公司化改组，将它们分别组建为基础设施公司、货运公司、长途客运公司和短途客运公司。各公司之间独立核算，从而实现了路网基础设施与专业运输公司的相互分离。新组建的路网公司负责经营、管理、维护铁路的基础设施，以出售列车运行线的形式向各专业运输公司收取区间设备使用费。各专业运输公司从路网公司租赁车站站场设备，进行列车解编、维修、保养、使用，购置机车车辆，进行市场调查，组织旅客、货物运输。

2.3.2　改革成效

德国铁路经过 20 多年的改革取得了一定的成效，从制度设计上切实实行了政企分离；在产权制度上进行了明晰的产权界定，尤其是联邦政府接收了债务；在安全管理上明确界定了主体责任和监管责任，并随着改革的深入对监管制度进行了相应调整；在人员安置上保证了绝大多数人员的利益，减少了由此造成的社会震荡。

德国铁路通过改革，扭转了长期亏损的局面。1994 年的改革当年仍亏损，随后逐步实现了盈利，生产率大幅度增加。由于改革，德国联邦铁路成为欧洲铁路的佼佼者。联邦铁路不断扩张，兼并了英国的一家较大的货运公司，并兼并了荷兰的铁路公司，在荷兰、德国、瑞士、意大利等国之间构建了铁路运输的大通道。

更为重要的是，改革刺激了私人资本的进入，在由联邦补贴的短途客运中，中小运输公司的份额逐步增大，无论是客运还是货运，都形成了与联邦铁路的实质性竞争，在竞争中运费得以下降，服务质量上升，运输效率提高。通过有效监管，联邦铁路的市场垄断力逐步下降[28]。

2.3.3　改革目标与路径

1. 德国铁路改革目标

（1）在市场经济竞争中摆脱亏损的困境；
（2）实现铁路部门的企业化运作，提高铁路的市场竞争力；
（3）成为独立的以营利为目的的服务性企业。

2. 德国铁路改革路径

德国铁路改革路径如表 2-3 所示。

表 2-3　德国铁路改革路径

改革步骤	具体内容
政企分开，上下分离	将 DB 和 DR 合并，组成新企业德国铁路股份有限公司（DBAG）。组建联邦铁路资产管理局（BEV）、联邦铁路局（EBA）两个机构，将 DB 和 DR 中的具有政府性质的事务分离
建立完整的技术标准体系	第一级为联邦铁路管理局颁布的法律、法规、职责条例和规程；第二级为德国国家规范 DIN（类似于我国的国家标准）；第三级为 DB 集团的规定、规章和规程
调整德铁股份公司组织机构	组建路网公司、货运公司、长途客运公司、短途客运公司、车站和服务公司，这 5 个公司均为德铁股份公司的全资子公司
解散控股公司，各公司上市	运营公司的股份可 100% 出售，而路网公司最多只能出售 49.9% 的股份

2.4 国外铁路改革对我国铁路改革目标与路径的启示

2.4.1 铁路改革应加强顶层设计，明确改革目标与路径

日本国铁 1987 年正式实施的改革，是在经过较长时间的酝酿和准备，成功进行方案设计和具体法律制定的基础上，分层次渐进推进，并成立了"临时行政调查会"和"国铁再建监理委员会"为改革领导机构，全面组织协调铁路改革。

美国铁路改革和日本铁路改革不同，并没有在一开始就有一个总的方案，而是逐步实践来的，每一项改革目标的实现时间跨度很长，中间步骤很多，不是一蹴而就的。

从日本和美国铁路改革的经验来看，为避免改革持续时间过长，我国铁路改革应加强顶层设计，首先明确铁路改革的目标与路径，全面统筹安排改革各项事宜。

此外，我国铁路改革在改革路径设计上，应该稳步推进，有序进行。改革是先解决当务之急，再处理长期问题。从改革的迫切程度来看，日本的国铁改革首先是阻止大量财政收入的流失；第二步是解决铁路存在的其他问题，如富余劳动力、巨额债务、不协调的劳资关系等；最后才进行股份制改革。我国的铁路改革由于历史等原因，其艰巨性和复杂性将远远大于当年日本国铁改革时的情况，改革的成功与否不仅关系到我国的整个改革进程和国民经济发展，而且将影响到社会和政治的稳定。因此，改革实施前一定要进行系统设计和制定明确的法律法规，并在改革推进过程中循序渐进，不能操之过急。

2.4.2 明确政企分开的目标是铁路改革成功的关键

我国铁路改革目标中，政企分开是最为关键的。日本铁路在改革前，国铁的双重领导导致经营责任不清。改革后，作为企业的 JR 集团各公司的经营责任与国家的行政职能明确分离，铁路企业与政府的关系依据《铁道事业法》得以明确，而且建立了政府不得随意干预企业的自主决策的制度。明确政府的目标要求，正确界定、划分和行使

政府及企业在铁路基础设施规划、建设、融资、管理、运营及公共服务等方面的职能、责任和权力，合理调整各级政府和企业之间的分工，使铁路运输企业成为具有独立经营能力、按商业化原则运作的经济实体。这是世界各国铁路改革的普遍做法，为我国铁路改革提供了参考。

2.4.3　改革目标与路径必须符合国情

铁路改革目标与路径的确定必须紧密结合我国国情。日本铁路改革没有像欧洲铁路那样完全采用"网运分离"的模式，而是采用"区域公司为主，网运分离为辅"的混合模式，这与日本的国情和地理条件是相符的。日本的人口密度大且相对集中，与承担的大运量相比，铁路能力相当薄弱，其负荷比欧洲铁路重得多，完全实行线路基础设施和运营相分离非常困难，既无法实现对线路的最优利用，也不利于降低成本、提高效率和安全水准。因此，在改革时客运公司是"网运合一"的（新干线除外）；货运公司由于货物全国流动的特点和收支平衡的考虑，采用了"网运分离"的方式；而新干线则具有"混合式模式"的特点，因为新干线是由国家出资建设、各家客运公司运营的，但新干线在建成后，其资产经过评估后出售给各铁路公司，其后的线路维修和改造仍由各铁路公司负责。因而严格地说，日本的新干线兼具"网运分离"和"网运合一"模式中的一些特点。目前，我国铁路单位线路所承担的总重吨千米为英国的 7 倍，比日本高出 2 倍多，而且，主干线每天每千米通过列车数比英国铁路高出 75%，与日本的新干线几乎持平。与日本和西欧铁路相比，我国部分铁路质量较差，而且线路基础设施和铁路运营之间存在着更为紧密的联系和更多维修工作。因此，在设计我国铁路改革模式时必须充分考虑这一特性。

2.4.4　改革目标与路径应坚持立法先行

为保障铁路改革路径的实施与改革目标的实现，应坚持立法先行。德国铁路改革为我国铁路改革提供的一个重要经验是首先从立法入手。德国铁路在改革中，由国会和政府通过了一系列有关铁路改革的法律法规，包括修订《基本法》和制定《铁路新秩序法》。这些法律法规的颁布实施，不仅对德国铁路改革规定了目标、任务和实施步骤，而且对铁路重组、建设投资财政保证、线路维修财政来源、旧债务处理、铁路管理机构、政府管制以及铁路公司的权限等一系列问题做出了明确规定。

在日本铁路改革发展的每一历史阶段中，法律法规都发挥了非常重要的规范、引导和保障作用。日本坚持铁路改革法律先行，以立法促进、规范并保障改革的顺利进行。1986 年，日本国会颁布的《日本国有铁道改革法》就是日本铁路民营化改革的基本规范。其中规定：将国铁进行分拆，客运按地域划分为 6 家铁路公司，货运重组为一家在全国范围内经营的公司，租用客运公司的线路经营。这些公司最初由国家全额出资，但被要求尽早出售股份，向纯粹的民营公司转化。目前，本岛的 3 个客运公司均已上市，政府逐步转让股份，直到完全售出。《改革法》还规定了国铁的债务分配：国铁时期的巨额债务在不损害新公司的经营利益的前提下，由本岛的 3 个公司承担一部分，其余由国铁清算事业团处理。为此，国会又专门发布了《客运铁道股份公司和货运铁道股份公司组建法》《日本国铁清算事业团法》《新干线铁道保有机构法》《新干线铁道设施转让法》《鼓励日本国铁职员退职及促进国铁清算事业团职员再就业的特别措施法》等相关法律，将国铁企业重组方案，关联各方的权利、义务、责任的界定，改革成本及遗留问题解决等一系列重大决策，直接用法律的形式加以规范[29]。

我国铁路改革也应坚持立法先行，需在改革路径明确之后建立完善的铁路运输企业法律体系。健全的法制是市场经济发育的基础。在"网运分离"改革进程中，按照铁路运输企业的市场取向，必须重新审视现行铁路运输法律方面存在的缺陷与不足：一是"网运分离"本身没有法律规范，在相当程度上只能模拟，距真正的市场主体尚有差距；二是在生产经营中，铁路运输以"我"为主，用规章代替法律条文，有些规章还与经济法律制度冲突，运输行为纠纷的调节法律依据不足；三是"网运分离"后，路局、分局分别设置的铁路运输法院的管辖权将会受到质疑，各公司之间的利益纠纷、铁路与客户的合同纠纷都需要建立新的法律体系予以保障。

2.4.5　在改革路径中充分发挥资本市场的作用

在铁路改革目标与路径的设计中，应考虑充分发挥资本市场的作用，不断完善铁路建设融资机制。美国铁路行业从 19 世纪 30 年代起步，历经发展繁荣期、整合并购期、跨领域自给系统建立期等阶段，在每一发展过程中，资本市场都发挥了重要作用。美国铁路最早由私营企业建设和运营，铁路建设方充分利用了资本市场的融资功能，通过股份公司发行铁路股票、债券，快速有效地汇聚了大量社会资金，满足了铁路建设的巨大资金需求。随后，在美国铁路行业整合并购期，资本中介通过发行股票、债券等方式为收购方提供了巨额资金支持，为美国大型铁路公司的形成打下基础。此外，作为参股方的资本中介还推动铁路公司进行了一系列改革，有效提升了美国铁路公司的运营效率和盈利能力，也使其财务制度更加健全。

20 世纪 70 年代，日本国有铁路公司亏损严重。在拆分前的 1986 年，其长期债务高达 1 100 亿美元。1987 年，日本国铁开始改革，经过债务重组剥离出的优良资产——3 家本州铁路公司分别于 1993、1996 和 1997 年上市，发行股票所得的资金部分用于清偿重组过程中形成的债务。至 2006 年 4 月，3 家本州铁路公司的国有股权全部转让，其余 4 家（北海道、四国、九州、货运公司）因尚未达到上市条件，一直由日本政府全资持有。总体来看，日本国铁拆分上市改革成效显著。从经营角度看，安全事故呈现减少趋势，提价幅度低于 CPI 涨幅，运行效率和服务质量也有所提高。从财务状况来看，相对于巨额赤字的原国铁，拆分后的 7 家客货运公司实现整体盈余。从融资便利性来看，日本政府按计划逐步出售国有股份并获得大量现金，为后续铁路建设提供了资金来源。但需要特别指出的是，解决庞大的债务问题这一日本国铁最初设定的改革目标仍未彻底实现[30]。

早在 2010 年 8 月，国务院发布《关于促进企业兼并重组的意见》，明确提出要充分发挥资本市场推动企业重组的作用，促进经济发展方式转变和经济结构调整。2014 年 3 月，《国务院关于进一步优化企业兼并重组市场环境的意见》，进一步强调要营造良好的市场环境，发挥资本市场作用。2014 年 5 月，《国务院关于进一步促进资本市场健康发展的若干意见》（即"新国九"）出台，要求充分发挥资本市场在企业并购重组过程中的主渠道作用[31]。

我国铁路建设融资渠道狭窄，高度依赖财政投入和银行信贷，铁路行业债务性融资占比高的状况短期内难以扭转，拓宽铁路建设债券发行渠道、降低增量债务融资成本是现实有效的选择。对于铁路建设部门来说，在银行不良贷款上升和自身较难获得更多财政注资的情况下，通过资本市场筹集更多的权益性资金无疑是较好选择。此外，后续改革中我们应该选择权属清晰、收益稳定，具有较强盈利能力的部分铁路公司发行上市，并支持和鼓励已上市公司通过并购重组、股权置换等方式盘活其他铁路资产，优化存量资产结构，同时尽量拓宽资本运作所需资金来源的渠道，使并购重组成为发展混合所有制经济的重要抓手，为民间资本进入铁路建设行业提供规范透明的平台，从而逐步完善铁路建设投融资机制[30]。

上述有关国家铁路改革实践启示我们，如何充分发挥资产重组、资本市场的作用，逐步有序推进改革，避免国有资产流失、大面积人员失业等，是我国铁路改革目标与路径设计应重点考虑的关键问题。

2.5 本章小结

本章主要总结了国外铁路改革目标与路径的实践及启示，通过总结美国、日本和德国的铁路改革措施与改革绩效，为我国铁路改革目标与路径确定提供一定的借鉴和指导。

通过分析这些国家的改革经验，我们认为，中国的铁路改革关键点在于要实现真正的政企分开，并结合我国实际国情和路情制定改革目标，设计顶层方案，采用自下而上的改革路径，正确处理好引入竞争和改进政府管制的关系，坚持立法先行，循序渐进地推进铁路改革进程，并在铁路改革中充分发挥资本市场作用，不断完善铁路建设投融资机制，促进我国铁路行业健康、持续发展。

第3章 我国国有企业改革目标与路径的实践及启示

本章主要介绍了我国国有企业改革目标与路径的实践及启示，包括探索阶段、突破阶段、完善阶段和深化阶段，同时对与铁路具有类似性质的垄断性国家基础企业的改革目标与路径的实践做了介绍。通过介绍我国部分国有企业的改革实践，总结其对我国铁路改革的启示，为我国铁路改革目标与路径确定提供借鉴。

3.1 电力行业改革目标与路径实践

3.1.1 电力行业改革目标

2013年3月，国务院批转国家发改委《关于2012年深化经济体制改革重点工作的意见》，明确提出"深化电力体制改革"，启动了新一轮电力体制改革。这一轮电力体制改革是2002年电力市场化改革的延续。十八届三中全会公布的《中共中央关于全面深化改革若干重大问题的决定》给出电力体制改革新的方向：实行以政企分开、政资分开、特许经营、政府监管为主要内容的改革，增加电力交易主体，建立多买-多卖的电力交易市场，实行"网售分开"、放开竞争性业务，推进资源配置市场化。

新一轮电力体制改革的总体目标是：打破行政垄断，放开可竞争性环节；先放松输、配电网络接入，在此基础上推动竞价上网，再到放开输电网和配电网；将单一购买模式转向批发竞争和零售竞争，构建有效竞争的电力市场结构和电力市场体系，形成主要由市场决定电力价格的机制。通过发展混合所有制改革，引入民营及社会资本，促进经营效率的提升，加快电力发展。转变政府对电力的监管方式，建立健全电力法治体系，确保电力行业持续健康平稳发展，确保供电和用电的安全可靠，保障国家能源安全。

3.1.2 电力行业改革实践

我国政府对电力行业实行中央垂直垄断管理。为适应电力需求的快速增长，加快电力建设速度，增强电力供应能力，我国从 1985 年开始对电力行业进行改革。

1. 电力投资与价格体制改革

1985 年，我国开始对电力投资管理体制和价格体制进行改革。中央政府决定将电力由国家统一建设改为鼓励地方、部门和企业集资建设电力；将电力投资全部由财政拨款逐步改为银行贷款；将国家统一电价改为对部分电力实行多种电价（国务院《关于鼓励集资办电和实行多种电价的暂行规定》，国发〔1985〕72 号，以下简称72 号文）。

1985 年，电价改革的主要内容是将国家统一电价法改为多种电价法。用国家分配的加价燃料所发电量，增加的燃料费用纳入成本，并相应提高售电价格；允许电网自行组织议价燃料多发电，对这部分电量，电网可加收燃料附加费；电网可以组织用户自筹燃料，由电网组织有关电厂多发电，电网统一收取合理的加工费；电网对有调整用电负荷能力的用户应采取高峰低谷电价办法。低谷电价可比现行电价低 30%～50%，高峰电价可比现行电价高 30%～50%。

1985 年，电力投资体制改革的主要内容是集资办电，将国家统一建电转变为鼓励地方、部门和企业投资建电。集资电厂实行"谁投资、谁用电、谁得利"的政策，并允许投资单位自建、自管、自用；在自愿的条件下也可以由电网代为管理。集资办电采用两种方式：集资扩建新建电厂和买用电权。① 集资单位可以按投资比例分享用电权；集资电厂与电网签订供电用电经济合同，也可以委托电网代为经营管理。② 买用电权，各电网可以从国家新建电厂当年增加的发电容量中，提留 10% 作为集资办电的集电资源。集资办电的投资，应统一纳入国家建设计划。

通过这一轮电力体制改革，我国电力行业得到了快速发展，电力装机、发电量分别由改革初（1985 年）的 8 705 万千瓦、4 107 亿千瓦时，迅速增加到 1995 年的 2 亿千瓦、1 万亿千瓦时，分别增长了 2.74 倍、2.45 倍，发电装机容量和发电量的年均增长速度都超过 8%。

2. 电力行业的"政企分开"改革

1996 年，在深化电力投资和电价体制改革的同时，开启了电力管理体制改革。第一，政企分开改革。1996 年，国务院通过了《电力部机构改革方案》，决定组建国家电力公司，保留电力部作为过渡。1997 年，国家电力公司成立。1998 年 3 月，电力工业部被撤销，原电力工业部的政府管理职能移交国家经济贸易委员会，行业管理职能移交中国电力企业联合会，原电力部下属的五大区域集团公司、七个省公司和华能、葛洲坝两个直属集团由国家电力公司承接。第二，1998 年开始进行厂网分开、竞价上网的改革（国务院办公厅转发《国家经贸委关于深化电力工业体制改革有关问题的意见》），其主要内容和路径是首先进行"厂网分开"改革，以解决独立电厂电网不公平接入问题；再进行"竞价上网"改革，以促进发电企业降低成本，提高发电效率；等到各方面条件成熟后，再进行"输配分离"改革，在售电侧建立零售竞争市场。

这一改革取得了如下成果：

一是电力行业的组织结构及其所有制发生了变化。《中华人民共和国电力法》的颁布为非中央财政资金投资电厂的资本权利和经济权利等问题提供了法律依据，极大地调动了地方政府、企业和外资投资等多种所有制资金参与电力建设的积极性，电力行业的组织机构和所有制发生了巨大变化：发电侧资产，地方占 46%，中央占 54%；输配电资产上，中央占 90%，地方占 10%。

二是政企分开改革在一定程度上解决了电力行业行政垄断的问题，但改革并不彻底。截至 2000 年年底，大部分省（自治区、市）都完成了电力部门的政企分开改革，地方各级政府均不设立电力专门管理部门，将分散在各专业管理部门、行政性公司等单位的政府管电职能，划入经济贸易委员会。这一时期，基本形成了国家经贸委等综合管理部门行使行政监管职能，中国电力企业联合会履行行业自律管理职能，国家电力公司自主经营企业的电力体制框架。

三是电力行业快速发展。我国电力装机容量和发电量，从 1995 年的 2 亿千瓦、1 万亿千瓦时，迅速增加到 2002 年的 3.57 亿千瓦、1.65 万亿千瓦时，分别增长了 1.66 倍、1.53 倍。

3. 电力市场化改革，实现了厂网分开、主辅分离

2002 年，国务院《电力体制改革方案的通知》（国发〔2002〕5 号，以下简称 5 号文）明确的电力改革任务是"厂网分开、主辅分离、输配分开、竞价上网"。为解决发电企业的上网价格问题，2003 年《电价改革方案》出台，确立电价改革总体方向为：发售电价由市场形成，输配电价由政府管制。2003 年 5 月，国务院《厂网价格分离实施办法》明确了原电网直属电厂的上网电价原则，并协调独立发电厂的上网电价。2004 年，标杆上网电价和煤电价格联动机制出台，对新投产的燃煤机组实施标杆电价原则，统一制定并颁布各省新投产机组上网电价。2005 年 4 月，国家发改委颁布了《上网电价管理暂行办法》《输配电价管理暂行办法》和《销售电价管理暂行办法》，明确规定了上网电价、输配电价、销售电价的定价方法，这些办法构成我国现行电价体制框架。这轮电力体制改革，在政企分开、厂网分离、主辅分离方面取得了重大进展，有力地保障和促进了我国电力行业和国民经济的长期、稳定、快速发展[32]。

2015 年 3 月，《中共中央、国务院关于进一步深化电力体制改革的若干意见》正式公布。新一轮电力体制改革包含如下目标：一是还原电力商品属性，构建有效竞争的电力市场体系；二是放开发电、售电等竞争性环节，引入竞争机制，提高电力市场整体效率。

2016 年，电改全面实施，电改试点覆盖 29 个省（区、市）及新疆生产建设兵团，输配电价改革试点基本覆盖所有省级电网。北京和广州两大国家级电力交易中心挂牌成立，各省级电力交易机构陆续成立并相对独立运作。《售电公司准入与退出管理办法》和《有序放开配电网业务管理办法》出台，首批 105 个增量配电业务改革试点项目公布，数千家售电公司注册成立。

2016 年 11 月，国家发改委、国家能源局发布《电力发展"十三

五"规划》,从供应能力、电源结构、电网发展、综合调节能力、节能减排、民生用电保障、科技装备发展、电力体制改革八方面提出"十三五"电力发展目标和主要任务。这是时隔 15 年后国家再次发布电力发展五年规划,对指导电力行业发展具有重要意义。

3.1.3　电力行业改革绩效

自 2015 年 3 月中共中央、国务院印发《关于进一步深化电力体制改革的若干意见》以来,电力体制改革取得了重要进展和积极成效。能源局网站显示,改革主体责任全面落实,电力体制改革试点已经覆盖有条件开展的所有省(区、市)。输配电价改革实现省级电网全覆盖,初步建立了科学、规范、透明的电网输配电价监管框架体系。交易机构组建工作基本完成,为电力市场化交易搭建了公平规范的交易平台。加快放开配售电业务,全国注册成立的售电公司已有约 6 400 家,首批 105 个增量配电项目开展改革试点,有效激发了市场活力。有序放开发用电计划,市场化交易规模明显扩大,2016 年全国市场化交易电量突破 1 万亿千瓦时,约占全社会用电量的 19%。价格方面,电力改革的推进已为企业带来实实在在的实惠。2016 年,我国通过实施煤电价格联动机制、输配电价改革、电力市场化交易、取消中小化肥优惠电价、完善基本电价执行方式等,大幅降低电价,全年累计减少工商企业用电支出 1 000 亿元以上。

2016 年,我国电力行业积极推进实施能源"四个革命、一个合作"发展战略,转变发展方式。积极推进供给侧结构性改革,加快深化电力市场化改革,不断提升"走出去"战略的广度与深度,有效保障了电力系统安全稳定运行和可靠供应,为经济社会发展和能源转型升级做出了积极贡献。

3.2　电信行业改革目标与路径实践

3.2.1　电信行业改革目标

改革开放以前,我国一直将电信产业作为公益性事业,与长期以来的中央计划经济体制相适应，采取的是国有企业纵向一体化的垄断经营方式和低价格、高财政补贴的机制，价格基本不受供求关系和成本变动的影响。近年来，电信产业进行了一系列改革，撤销了许多行业主管机构，将调控的职能交给国家宏观经济管理部门，但仍由国家授权特定部门或特定国有企业来经营全国所有的电信业务，造成的垄断格局一直影响着电信产业的发展。

为提高电信行业的服务水平以及人们对电信行业服务质量的满意程度，加快改革创新和转型发展，充分发挥市场在资源配置中的决定性作用，积极推进经营体制机制的市场化改革，电信行业进行了一系列改革措施。

3.2.2 电信行业改革实践

我国电信业改革从 20 世纪 90 年代邮政分营、政企逐步分离开始，可大致分为业务分割阶段（1993—2001 年）、区域分割阶段（2002—2008 年）、业务整合阶段（2008—2013 年）、网运分离阶段（2013 至今）。各主要电信运营商改革发展历程如图 3-1 所示。

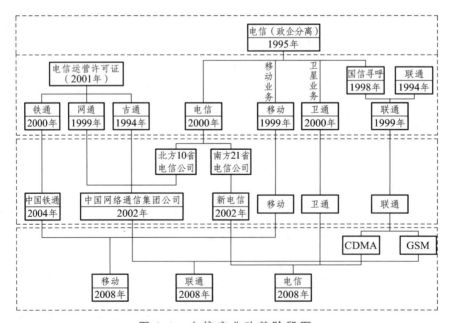

图 3-1 电信产业改革阶段图

1．邮政分营、政企逐步分离（1988—1993 年）

1949 年 11 月 1 日，邮电部成立。电信网的运营和基本网上服务由邮电部垄断经营，邮电部既是公用电信业的经营者，又是政府管理机构。作为计划体制内的产物，国家对电话资费有严格的价格控制，电信业基本是一个不盈利甚至亏损的产业。

1988 年，国务院确定邮电体制改革"三步走"的方向，希望逐步实现邮政、电信分营和政企分开。1993 年召开的十四届三中全会，确定了我国社会主义市场经济体制的基本框架，拉开了声势浩大的国企改革的序幕，中国电信业市场化改革也提上日程。

2．业务分割阶段（1993—2001 年）

该阶段可分为两部分：一是尝试引入竞争、实现政企分离；二是进行业务分割。

（1）尝试引入竞争、实现政企分离

1993 年 8 月，国家放开经营部分电信业务。国务院批转邮电部《关于进一步加强电信业务市场管理意见的通知》，向社会放开经营无线寻呼、800 MHz 集群电话、450 MHz 无线移动通信、国内 VSAT 通信、电话信息服务、计算机信息服务、电子信箱、电子数据交换、可视图文 9 种电信业务。

1993 年 12 月，国务院发文批准组建中国联合通信有限公司，次年 7 月，联通公司正式挂牌成立。其经营范围包括：① 对铁道部、电力部的专用通信网进行改造、完善，在保证铁道、电力专用通信需要的前提下，将富余能力向社会提供长话业务；在公用市话网覆盖不到或公用市话能力严重不足的地区可开展市话业务；② 经营无线通信业务（包括移动通信业务）；③ 经营电信增值业务。

联通公司经营的电信运营业务接受邮电部的行业管理。联通公司投资改造的通信线路要符合国家通信技术标准和技术政策，与公用通信主网互联互通、自动接续、公平计价、共享通信资源，避免重复建网。并入公用通信主网运行的各专业通信设施要服从通信主网的调度与管理，并以合同方式明确相互关系。

1994年1月，吉通通信有限公司成立。吉通由电子工业部发起成立，主要由电子部系统的一些大型国有企业参股组建，包括彩虹集团公司、中国电子信息产业集团公司、国投电子公司等30多个股东单位。吉通作为"三金工程"中金桥工程唯一业主单位，被授权建设、运营和管理国家公用经济信息网（即"金桥工程"），与原中国电信的CHINANET展开竞争。

1995年4月，电信总局以"中国邮电电信总局"的名义进行企业法人登记，其原有的政府职能转移至邮电部内其他司局，逐步实现了政企职责分开。

（2）进行业务分割

1999年2月，国务院通过中国电信重组方案。同年12月和2000年1月、2月，分别批复组建中国移动通信集团公司、中国电信集团公司和中国卫星通信集团公司。此后，三大集团公司陆续挂牌，中国电信重组工作顺利完成。与此同时，国务院对联通公司也进行了重组，从中国电信剥离出来的国信寻呼公司于1999年5月整建制划归联通公司。

1999年10月22日，中国国际网络通信有限公司由中科院、广电总局、铁道部、上海市政府四方出资成立，在全国17个城市开通互联网服务。

2000年12月，铁道通信信息有限责任公司成立，2001年3月正式运营。公司由铁道部及其所属铁路局、（集团）公司共同出资组建，由铁道部直接管理，同时接受信息产业部行业管理。

经过这一阶段的改革重组，我国电信行业基本实现政企分开，基础电信各个业务领域都已同时有两家以上企业经营，市场竞争格局初步形成，但市场主要由电信、移动、联通三家主导。

3．区域分割阶段（2002—2008年）

2002年5月16日，中国电信南北分拆方案确定，新中国电信集团及中国网通集团正式挂牌成立。新中国电信集团管辖南方21省电信业务经营和全国70%的长途干线经营；吉通与北方十省电信公司、中国网通合并组成中国网络通信集团公司，管辖北方十省市电信业务经营和全国30%的长途干线。另外，原网通在南方的分公司将继续存续，而新的中国电信也被允许到北方发展业务。

2004 年 1 月 10 日，中国卫通与国信寻呼签订协议，联通开始退出寻呼业。2004 年 1 月 29 日，铁通公司由铁道部移交国资委，更名为"中国铁通"，作为国有独资基础电信运营企业运作。

由此形成了"四大两小"的竞争格局，"四大"即中国移动、中国电信、中国网通和中国联通，"两小"即中国卫通和中国铁通。

此次南北拆分以打破固定电信领域的垄断为重点，但实际上是从"全国垄断"演变为"区域垄断"。主要表现在：电信本地网互相进入没有实现，市话没有引入有效竞争；相反，市话的垄断却延伸到移动、长话、寻呼、数据等竞争性领域[1]。

4．业务整合阶段（2008—2013 年）

2008 年 5 月 24 日，工业和信息化部、国家发改委和财政部联合发布《三部委关于深化电信体制改革的通告》。通告指出：我国电信业在竞争架构、资源配置和发展趋势等方面出现了一些新情况、新问题，特别是移动业务快速增长，固话业务用户增长慢、经济效益低的矛盾日益突出，企业发展差距逐步扩大，竞争架构严重失衡。为形成相对均衡的电信竞争格局，应充分利用现有三种覆盖全国的第二代移动通信网络和固网资产，深化电信体制改革。

基于电信行业现状，为实现上述改革目标，鼓励中国电信收购中国联通 CDMA 网（包括资产和用户），中国联通与中国网通合并，中国卫通的基础电信业务并入中国电信，中国铁通并入中国移动。

此次电信重组实现了电信业的全业务经营，但却没能有效消除中国移动一家独大的竞争格局，电信业竞争失衡发展的现状并没有因为重组而改变。

5．网运分离阶段（2013 年至今）

2013 年以来，电信领域贯彻落实党的十八届三中全会《决定》提出的"根据不同行业特点实行网运分开、放开竞争性业务，推进公共资源配置市场化"等有关精神，深化改革并取得了较为显著的成果。

一是成立"铁塔"公司，专做基础网络。

2014 年 7 月 18 日，中国通信设施服务股份有限公司（即"铁塔公司"）正式揭牌成立。根据规划，铁塔公司将负责所有新建铁塔以及无源系统（中国移动、中国联通、中国电信三大运营商均要向其租赁网络），并将逐步收购三大运营商存量铁塔（包括机房和机房内的有源设备）、存量基站和所有室内分布系统，三年内完成向"通信基础服务公司"的转变。铁塔公司的成立为大量虚拟运营商进入通信领域提供了基础性条件。

中国铁塔自 2015 年 1 月 1 日全面承接新建铁塔及附属设施以来，新建铁塔共享率从过去的 14% 快速提升至 70%。通过深化存量共享和新建共享，2015 年相当于少建铁塔 26.5 万座，节省资本开支 500 亿元、运营成本 37 亿元，节省土地 800 多万平方米；2016 年相当于少建铁塔 23.6 万座，节省资本开支 380 亿元、运营成本 28 亿元，节省土地 600 多万平方米。其中，中国电信新建共享率 91%，少建铁塔 7.3 万座，节省资本开支 118 亿元、运营成本 9.9 亿元；中国联通新建共享率 93%，相当于少建铁塔 7.4 万座，节省资本开支 119 亿元、运营成本 9.4 亿元；中国移动新建共享率 62%，相当于少建铁塔 8.9 万座，节省资本开支 144 亿元、运营成本 8.8 亿元[2]。

二是放开虚拟运营商资格，扩大竞争。

2013 年年底和 2014 年年初，工信部先后两批向 19 家民营企业颁发了虚拟运营商牌照，越来越多的社会资本表现出投资虚拟通信运营市场的兴趣。虚拟运营商的进入将大大提升整个行业活力，促进良性竞争，使得运营回归到了服务和业务创新的本质，这也是"网络中立，网业分离"的市场化运营方式所需求的一种格局[3]。

3.3 石油行业改革目标与路径实践

3.3.1 石油行业发展状况

我国石油行业的发展以 1998 年为界分为了两个阶段。第一阶段上游市场垄断，中下游市场无序竞争，具体表现为中国石油天然气集团公司（CNPC）、中国石油化工集团公司（SINOPEC）、中国海洋石油总公司（CNOOC）三家石油生产企业（以下分别简称为中石油、中海油、中石化）以及中化集团形成了分业经营，各自兼并垄断了石油开采、炼制与进出口业务；1998 年石油行业重组完成后为第二阶段，石油业格局变分业为混业经营，中石油获得秦岭以北的油气勘探权，中石化负责南方 19 省的勘探生产业务。

重组前，中石油和中海油垄断石油天然气开采产业，产量占全国总产量的 99.16%；中石化垄断石油加工业，加工量占全国总加工量的 81.4%。重组后，2004 年中石油、中石化和中海油三家合计占全国石油天然气勘探矿权登记面积的 96.2%。在采矿权登记面积中，中石油、中石化和中海油三家合计占 98.9%。2010 年，三大石油公司的原油生产量占全国的 99.15%，原油加工量占全国总加工量的 89.55%，相比重组前高出 8 个百分点。由此可以看出，重组以后石油行业的上游领域市场企业规模过大且市场集中度非常高，三大石油公司几乎控制所有的原油开采产业。国家通过行政手段严格管控炼油工业，石油生产、储运和销售由中央计划配置。中石油和中石化两大公司拥有 80% 以上的炼油能力，全国 500 万吨/年以上的大中型炼油厂全部属于两大公司所有。2005 年，三大石油公司原油生产量占全国总生产量的 95.32%，而中石油和中石化原油加工占全国总加工量的 91.09%，垄断依然存在。到 2010 年，中石油和中石化原油生产占全国总产量的比例高达 99% 以上，原油加工量占全国原油加工总量的 90% 左右，垄断性有增无减。

自 1998 年国家对石油行业进行重组以后，中石油和中石化所拥有的 50 多座炼油厂每年向消费市场提供的成品油达到全国销量的 90% 以上。同时，两大石油公司还获得了石油的进出口经营权。国务院又通过文件硬性规定了除两大石油集团外不允许存在独立的成品油批发企业，国内各个炼油厂所生产的成品油统一交由两大石油公司批发经营。各地新建立的加油站统一由中石油和中石化全资或控股建设。

3.3.2　石油行业改革目标

我国石油行业改革的目标应该是建立完善的现代油气市场体系。这一体系至少应由以下六个方面构成。

一是完善的政策法规体系。政策法规体系主要包括：《中华人民共和国节约能源法》等基础性法规,《石油和天然气法》《油气管道法》《油气分销法》《石油和天然气进出口管理法》《油气监管法》等单行法,大量的行业行政性法规、条例和重要的产业政策,以及覆盖全行业的技术、安全、质量、环境和能耗等相关标准。

二是多元化的市场主体。主要包括:若干超大型上下游一体化油气公司及管道运输公司,一批规模化、专业化的技术服务公司、工程建设公司和装备制造公司,为数众多的中小石油公司、储运公司、技术服务公司、建设公司、制造公司和分销零售商,若干石油(天然气)交易市场。形成以国有大型石油公司为主导,多种经济成分共同组成的多元化市场结构,企业不分大小,享有平等的权利,承担同样的义务,相互补充、协调发展、有序竞争。

三是市场形成价格的机制。石油产品、技术服务和生产要素价格由市场供需形成与调节,政府不直接干预;建立石油(天然气)商品交易市场和平台,充分发挥其价格发现功能和形成机制,建立我国自己的原油、成品油和天然气(包括 LNG)等价格窗口;具有公共服务性质的价格由政府制定和监管。

四是符合国情的贸易体制和政策。坚持油气进出口国家宏观调控;严格油气进出口贸易商的资质管理;制定适应石油市场的、比较宽松的、国内炼油能力严重过剩"新常态"下的油气进出口政策和管制方式;改进进口原油使用管理,放宽原油进口、成品油出口的政策限制;保持和促进该领域的适度竞争,有序放开贸易管制。

五是有效的行业监管。主要包括:制定行业监管法规条例,建立与油气资源国家一级管理体制相适应的相对独立的专业监管机构;统一监管标准与规范,理顺中央与地方对行业监管的责任关系,理顺不同部门对行业监管的责任关系;加强专业监管队伍建设,把监管的重点放到涉及公众利益、国家利益的关键环节,促进实现油气资源的最大发现、最优开发、最佳利用、最好企业效益和社会效益。

六是自律性的社会组织。随着转变政府职能和简政放权工作力度不断加大,"小政府、大服务"将成为趋势。行业协会等社会组织将成为政府与企业的重要纽带和桥梁,发挥其自律、规范、沟通、服务的功能。

建立完善的现代油气市场体系这一改革目标,把政府、企业和市场这三个支点牢牢扭在了一起，这一目标强调发挥市场在配置资源中的决定性作用和与之相适应的政府宏观调控的高度统一，强调在法治的轨道上推进改革，体现了改革的系统性、协调性和渐进性，有利于行业发展和改革的深化、持续和稳定[33]。

3.3.3　石油行业改革实践

石油行业改革历程，大致可以分为三个阶段。

第一阶段，1978 年到 1988 年。改革的主要内容是扩大石油企业自主权，推行承包经营责任制；坚持"引进来"的方针，开启石油资源的对外合作；改革石油行政管理体制，组建国家石油公司。1978 年撤销石油化学工业部，恢复石油工业部。1980 年成立能源委员会负责管理石油部、煤炭部、电力部，1982 年撤销能源委。1988 年在机构改革中撤销石油部、煤炭部、电力部，成立能源部，负责管理三个部撤销后新组建的石油、煤炭等总公司。

第二阶段，1989 年到 2001 年。这一阶段主要是推进石油石化产业重组和国有石油企业改制上市，建立现代企业制度；实行政企分开、政资分开，发挥市场在资源配置中的基础性作用；石油公司开始"走出去"，参与国际油气合作。

1998 年，国家实施石油行业体制改革，组建了中石油和中石化两个上下游、内外贸、产销一体化的特大型石油石化企业，实现了政企分离，奠定了石油企业按照市场化机制运行的基础。1999 年，中国石油、中国石化和中国海油按照"主业与辅业分离、优良资产与不良资产分离、企业职能与社会职能分离"的原则，开展企业内部重组，组建了各自的股份公司。2000 年至 2001 年，三家股份公司先后实现在海外成功上市。这标志着国有石油公司的产权改革取得了历史性突破，并成功走上国际资本市场的大舞台。

第三阶段，2002 年至今。改革的重点是按照党的十六大以来中央关于完善社会主义市场经济体制的要求，改善政府宏观调控，强化市场的作用；推进国家石油公司产权制度改革，健全现代企业法人治理结构；加快企业"走出去"步伐，广泛开展多领域的国际石油合作。

2016 年 12 月，中石油发布消息称，其召开全面深化改革领导小组第十五次会议，审议并通过《集团公司市场化改革指导意见》《集团公司混合所有制改革指导意见》。中石油由此成为本轮混合所有制改革以来第一个通过混改方案的央企。

2017 年 1 月 19 日，国家发改委印发《石油发展"十三五"规划》《天然气发展"十三五"规划》，鼓励具备条件的油气企业发展股权多元化和多种形式的混合所有制，推进国有油气企业工程技术、工程建设和装备制造等业务进行专业化重组。

2017 年 5 月，中共中央、国务院印发了《关于深化石油天然气体制改革的若干意见》（以下简称《意见》）。《意见》指出，深化石油天然气体制改革，要坚持社会主义市场经济改革方向，正确处理好企业、市场、政府之间的关系，发挥市场在资源配置中的决定性作用和更好发挥政府作用，以保障国家能源安全、促进生产力发展、满足人民群众需要为目标，建立健全的竞争有序、有法可依、监管有效的石油天然气体制，实现国家利益、企业利益、社会利益有机统一。

《意见》明确，深化石油天然气体制改革的总体思路是：针对石油天然气体制存在的深层次矛盾和问题，深化油气勘查开采、进出口管理、管网运营、生产加工、产品定价体制改革和国有油气企业改革，释放竞争性环节市场活力和骨干油气企业活力，提升资源接续保障能力、国际国内资源利用能力、市场风险防范能力、集约输送和公平服务能力、优质油气产品生产供应能力、油气战略安全保障供应能力、全产业链安全清洁运营能力。通过改革促进油气行业持续健康发展，大幅增加探明资源储量，不断提高资源配置效率，实现安全、高效、创新、绿色，保障安全、保证供应、保护资源、保持市场稳定。

3.4 我国典型行业改革实践的启示

综上所述，我国电力、电信、石油等垄断性行业在一定程度上都进行了一系列改革实践。以上改革对我国铁路改革目标与路径确定具有一定的启示作用。

3.4.1　我国垄断性行业改革路径的主要特点

各垄断行业改革的初始条件和初衷基本相同，改革起点都是中央高度集中的政企合一、纵向一体化垄断经营体制，最初的动因是筹集中央财政预算外资金用于本行业建设，快速扭转能力严重短缺的局面。垄断行业改革从一开始就表现出明显的市场取向，而且以拓宽建设资金来源渠道为切入点，是立足于发展的市场化改革。

垄断行业多属于关系国计民生的基础行业和公用事业，具有自然垄断性、网络性、经营性与公益性并存等比较复杂的技术经济特征，渐进改革的特点在垄断行业中得到了集中体现。垄断性行业改革路径主要有以下三个特点：

1．以政企分开为核心，打破行政垄断

20 世纪 90 年代中期，随着经济体制改革深化和垄断行业投资主体多元化的推进，原有体制的深层次矛盾日益突出，特别是政企不分、行政垄断等体制弊端日益凸现，有关各界对深化垄断行业改革的呼声越来越强烈，形成了推动改革的一股强大力量。这种情况下，垄断行业改革开始触及深层次的体制问题，以实行政企分开、打破行政垄断为核心展开。

2．放宽行业准入，拓宽投融资渠道

改革开放初期，提供基础性产品和服务的垄断行业，供求矛盾非常尖锐，是我国经济社会发展的主要瓶颈。因此，为了迅速缓解垄断行业的瓶颈制约，在保持政企合一不变的条件下，突破中央政府单一投资格局，放宽行业准入，调整资费，吸引包括地方政府在内的各类资金，就成为这一时期合乎逻辑的改革选择。但在操作实践中，各垄断行业对切入点的选择有所不同。

3．着眼于提高市场绩效，重构产业组织结构

这一阶段的改革主要围绕重构产业组织结构和构建行业监管体系等内容展开，其目的是引入竞争机制、提高市场绩效，更好地发挥市场在资源配置中的基础性作用。立足于建立有效的产业组织结构来推进企业重组，是实现这一改革目标的主要途径。

3.4.2 我国垄断性行业改革对我国铁路改革的启示

根据我国的国情以及铁路系统特有的行业特点，铁路系统的改革是存在一定难度的，但是也是势在必行的。也就是说，目前在铁路系统确立改革目标与路径需要一个稳步的过程。我国铁路行业也是一个垄断性行业，通过分析我国其他垄断性行业改革实践，结合铁路行业本身的特点，我国垄断性行业改革对我国铁路改革具有如下启示。

1．改革目标与路径的总体设计至关重要

垄断行业改革涉及政府、企业和社会公众等多方面主体，包括产业组织和市场结构的重构、政府监管体系的建设及产权制度、企业微观治理机制、企业运营方式等多项内容，另外还需要充分考虑约束条件和相关的配套保障情况，各项内容以及改革进展与约束条件之间互相联系、互为制约。因此，垄断行业改革，在时间上是个长期的过程，需要循序渐进；在空间上是个系统工程，既要抓住主线、重点突破，又要重视配套、协同推进。

2．必须坚持市场化改革的目标

多数垄断行业的基础性、网络性、自然垄断性和公益性与经营性并存等特点，决定其产业组织形式和市场结构具有多种模式，从而使改革过程变得较为复杂。实践证明，按照我国经济体制改革总体要求，推进垄断行业市场化改革，是转变行业发展方式、促进行业持续健康发展的根本手段和途径。因此，无论面临多少问题和挑战，都必须坚定不移地深化垄断行业市场化改革。这既是我国垄断行业发展实践经验的深刻总结,也是适应我国社会主义市场经济体制环境的内在要求。

3．必须坚持政企分开的改革目标

政企合一体制一方面使政府部门难以正确履行职责，甚至会利用行政权力为其直属企业牟利；另一方面也使企业难以成为真正的市场主体，并且排斥或歧视其他市场主体进入。这种体制具有计划经济的本质特征，与市场经济规则是格格不入的，特别是由于行政垄断形成的不可逾越的行业进入壁垒，其他市场主体难以进入，投资主体单一化格局难以得到根本性改变。从改革路径看，各垄断行业均首先在政企合一框架内启动改革，但最终都要走向政企分开，这是因为垄断行业改革从一开始就反映出明显的市场取向，需要引入其他主体者参与本行业的投资建设。随着其他投资主体进入得越来越多，与政企不分的体制矛盾和冲突会日益激烈，进而逐步形成推动政企分开改革的一股强大力量。因此，政企分开是市场化改革的必然要求，也是判断一个行业改革是否取得实质性突破的阶段标志。

4．政企分开的改革目标不意味着政府职能的弱化或退出

市场经济下，垄断行业特性决定了政府应扮演重要的角色和发挥重要的作用。垄断行业市场化改革，并不意味着市场机制可以替代政府监管机制，反而增加了对监管的需求。国外垄断行业改革的实践也表明，"放松监管"不意味着政府退出，而是监管重点从严格的直接控制准入数量转向更加注重价格、安全、服务质量等监管。垄断行业市场化改革打破了一体化的管理体制和经营机制，利益主体趋于多元化，传统行政干预和内部命令协调机制也难以适用，更需要加强政府在规划、监管、社会普遍服务义务等方面的职责履行。政企分开是在市场经济条件下政府正确发挥作用的基本前提，目的是正确处理政府与市场的关系，摆正政府行业管理部门的位置，转变政府职能和管理方式，而不是政府职能的弱化或退出[34]。

5．在改革路径中正确处理垄断与竞争

打破垄断、引入竞争也是垄断行业改革的主要方向和思路。但垄断行业中某些领域具备自然垄断性，属于行业的客观技术经济特征，存在规模经济和范围经济，允许其存在具有经济合理性，既没有必要也难以打破这种垄断。因此，打破垄断具有双重含义：一是通过实行政企分开等改革彻底消除行政垄断；二是从构建符合国情和行业特点的市场模式出发，对传统一体化垄断企业进行分拆重组，并通过

加强监管等手段有效抑制自然垄断破坏力，尽可能地发挥市场竞争机制作用。

从这个意义上说，垄断行业改革不能以市场化程度的高低论成败，重点是在自然垄断效益与竞争效率之间做出合理的权衡。在实际操作中，关键要对重组模式和拆分程度做出正确的抉择。关于这一点，由于国情的差别较大，即便是在同一个行业也没有国际通用的标准模式。以铁路为例，在对原有的纵向一体化国铁垄断企业进行分拆重组时，欧盟国家实行"网运分离"的纵向分拆，而日本等国家则实行"区域公司"的横向分拆，而且分拆的细化程度也因国别不同而有很大差异。

6．在改革路径中着眼于构建有效的市场结构来制定企业重组方案

对原有的纵向一体化国有垄断企业实行重组，是任何垄断行业改革都要完成的一项工作。几乎所有垄断行业的产业组织和市场结构都存在着多种模式，各有优点和适用环境，没有最佳的国际通用模式。但对于任何一个行业来说，尽管各国选择的模式不同，但其基本取向却是一致的，即通过企业重组来优化产业组织和市场结构，以更好地发挥市场的作用，提高整个行业的市场绩效。

7．网运分离是网络型垄断行业的必然选择

电力行业改革中采用"厂网分开"，将国家电力公司管理的资产按照发电和电网两类业务划分，并分别进行资产重组。厂网分开后，原国家电力公司拥有的发电资产，除华能集团公司直接改组为独立发电企业外，其余发电资产重组为规模大致相当的 3~4 个全国性的独立发电企业，由国务院分别授权经营；电信行业在改革中经历纵向切分、横向切分等改革阶段，放开竞争性业务，推进公共资源配置市场化。电力与电信行业虽然采用了不同的改革路径，但最终都走到了网运分离模式，铁路同样具有网络型垄断特征，采用网运分离模式，将有利于发挥铁路网络作为国家基础设施的公共性，以及基于铁路网络各种运营服务的竞争性。根据电力、电信行业实践经验，网运分离模式是网络型垄断行业的必然选择。

3.5　本章小结

本章主要总结了我国具有垄断性的电力行业、电信行业、石油行业的改革目标与路径的实践及启示，为我国铁路改革目标与路径的确立提供一定的借鉴和指导作用。

通过介绍这三个行业的改革经验，我们认为，在中国几大垄断企业的改革中，铁路的改革无疑是最迟滞的。因此，当前我们迫切需要确立铁路改革目标与路径，坚持市场化改革方向，彻底实现政企分开，通过构建有效的市场结构来制定企业重组方案，并正确处理政府与市场的关系，全面深化铁路改革。

（1）必须坚定不移地深化垄断行业市场化改革。这既是我国垄断行业发展实践经验的深刻总结，也是适应我国社会主义市场经济体制环境的内在要求。

（2）必须坚持政企分开的改革目标。政企分开是市场化改革的必然要求，也是判断一个行业改革是否取得实质性突破的阶段标志。

（3）在改革路径中正确处理垄断与竞争的关系。垄断行业改革不能以市场化程度的高低论成败，重点是在自然垄断效益与竞争效率之间做出合理的权衡。

（4）在改革路径中着眼于构建有效的市场结构来制定企业重组方案。对原有的纵向一体化国有垄断企业实行重组，是任何垄断行业改革都要完成的一项工作。通过企业重组来优化产业组织和市场结构，可以更好地发挥市场的作用，提高整个行业的市场绩效。

（5）改革目标与路径的总体设计至关重要。垄断行业改革，在时间上是个长期的过程，需要循序渐进；在空间上是个系统工程，既要抓住主线、重点突破，又要重视配套、协同推进。

（6）政企分开的改革目标不意味着政府职能的弱化或退出。政企分开是在市场经济条件下政府正确发挥作用的基本前提，目的是正确处理政府与市场的关系，摆正政府行业管理部门的位置，转变政府职能和管理方式，而不是政府职能的弱化或退出。

（7）网运分离的改革路径是网络型垄断行业的必然选择。根据电力、电信行业实践经验，网运分离模式是网络型垄断行业的必然选择。

第 4 章　全面深化铁路改革的目标

本章主要介绍我国铁路全面深化改革的目标及其相互关系，包括确定铁路的国家所有权政策、妥善处置铁路网运关系、建立铁路现代企业制度、实现铁路混合所有制、改革铁路投融资体制、有效处置铁路债务、制定铁路运输定价机制、建立铁路公益性补偿机制、优化铁路企业运行机制、完善铁路改革保障机制、健全铁路监管体制、明确铁路改革目标路径 12 个目标。

4.1　我国铁路改革总体思路

4.1.1　主要依据

中共中央、国务院和相关部委的多次重要会议精神为明确铁路改革目标与路径提供了理论依据。

（1）《中共中央、国务院关于深化国有企业改革的指导意见》[①]和《关于国有企业功能界定与分类的指导意见》[②]都指出应立足国有资本的战略定位和发展目标，结合不同国有企业在经济社会发展中的作用、现状和需要，根据主营业务和核心业务范围，将国有企业界定为商业类和公益类，对不同类型的国有企业实行分类改革、分类发展、分类监管、分类考核。

---

① 2015 年 8 月印发。
② 2015 年 12 月，国资委、财政部、国家发改委印发。

主业处于充分竞争行业和领域的商业类国有企业，原则上都要实行公司制股份制改革，积极引入其他国有资本或各类非国有资本实现股权多元化，国有资本可以绝对控股、相对控股，也可以参股，并着力推进整体上市。对这些国有企业，重点考核经营业绩指标、国有资产保值增值和市场竞争能力。

主业处于关系国家安全、国民经济命脉的重要行业和关键领域，主要承担重大专项任务的商业类国有企业，要保证国有资本控股地位，支持非国有资本参股。对自然垄断行业，实行以政企分开、政资分开、特许经营、政府监管为主要内容的改革，根据不同行业特点实行网运分开、放开竞争性业务，促进公共资源配置市场化；对需要实行国有全资的企业，也要积极引入其他国有资本实行股权多元化；对特殊业务和竞争性业务实行业务板块有效分离，独立运作、独立核算，对这些国有企业，在考核经营业绩指标和国有资产保值增值情况的同时，加强对服务国家战略、保障国家安全和国民经济运行、发展前瞻性和战略性产业及完成特殊任务的考核。

两份《意见》中"分类改革"是全面深化铁路改革遵循的主要原则之一。

（2）《中共中央、国务院关于深化国有企业改革的指导意见》（以下简称《指导意见》），系统、全面、有针对性地提出了国有企业改革的一系列重大方针政策和措施，是党的十八届三中全会以来国有企业改革经验教训的重要结晶，是当前和今后一段时期国有企业改革的纲领性文件。其中，"根据不同行业特点实行网运分开、放开竞争性业务，促进公共资源配置市场化""混合所有制""推动国有企业完善现代企业制度"等一系列重要论述，对全面深化铁路改革具有重要指导意义。

（3）《习近平总书记系列重要讲话读本》在第三部分"敢于啃硬骨头 敢于涉险滩——关于全面深化改革"中提出要把握和处理好全面深化改革的六个重大关系，其中处理好整体推进和重点突破的关系、处理好顶层设计和摸着石头过河的关系、处理好胆子要大和步子要稳的关系、处理好改革发展稳定的关系[35]，对铁路改革目标与路径设计都具有重要指导意义。

（4）2016年3月，李克强总理在政府工作报告中提出"推进股权多元化改革""探索基础设施资产证券化"[36]，特别是"基础设施资产证券化"属近年来首次提出，对深化铁路改革具有重要指导意义。铁路作为国家最重要的基础设施之一，目前负债水平较高，严重侵蚀铁路持续健康稳定发展的空间。铁路基础设施资产证券化对盘活铁路存量资产、拓宽投融资渠道、提高社会资本参与铁路建设的积极性，具有重要的现实意义，因而也是全面深化铁路改革的主要依据之一。

4.1.2 基本原则

《指导意见》指出，国有企业改革应明确坚持和完善基本经济制度、坚持社会主义市场经济改革方向、坚持增强活力和强化监管相结合、坚持党对国有企业的领导、坚持积极稳妥统筹推进五项原则。根据上述精神以及当前铁路实际，全面深化铁路改革应遵循以下基本原则。

一是根本性原则。国家铁路属于全民所有，是推进国家现代化、保障人民共同利益的重要力量，为党和国家各项事业发展提供重要的运力保障，特别是铁路路网作为关系到国计民生的重要基础设施，要毫不动摇地坚持中国铁路总公司代表国家至少持股 51% 以上，以确保国家对铁路基础设施的绝对控制，这是深化铁路改革必须把握的根本要求。

二是系统性原则。新时期我国铁路面临着铁路网运关系、现代企业制度、混合所有制、投融资体制、中长期债务处理、公益性补偿机制、改革保障机制、改革目标与路径等一系列关键问题，迫切需要一个统筹考虑、全面解决上述问题的综合改革方案。

三是差异性原则。根据分类推进国有企业改革的精神，铁路路网具有公益性，属于公益类国有企业，应以保障民生、服务社会、提供公共产品和服务为主要目标；而铁路运营更多体现出竞争性，属于商业性国有企业，按照市场化要求实行商业化运作，应以增强国有经济活力、放大国有资本功能、实现国有资产保值增值为主要目标。

四是渐进性原则。铁路改革历史欠账太多，严重滞后于经济社会发展与改革的总体水平。很多问题特别迫切而又明显不符合市场发展需求，应尽快实施改革；而对于那些必须取得突破但一时还不那么有把握的问题，应在试点取得经验的基础上再做改革。总之，应贯彻渐进性原则，处理好"顶层设计"与"摸着石头过河"的关系。

五是持续性原则。鉴于铁路改革的复杂性以及我们对其认识的局限性，很多问题在顶层设计阶段难以做出明确规划，因此上一阶段的铁路改革措施一定要兼顾未来改革需要，为未来改革创造有利条件。对那些持续性不好的铁路改革备选方案，应在顶层设计阶段予以坚决放弃[37]。

4.2　我国铁路改革目标

4.2.1　我国铁路改革应解决的关键问题

2013 年，历时 64 年的铁道部被撤销，国家铁路局与中国铁路总公司成立，实现了政企分开，然而这只是铁路改革的第一步。当前，我国铁路存在一系列深层次问题，特别是铁路的国家所有权政策、网运关系、现代企业制度、混合所有制、投融资体制、铁路债务处置、铁路运输定价机制、公益性补偿机制、企业运行机制、监管体制、改革保障机制、改革目标与路径等问题十分突出，已经严重影响到铁路持续健康发展。

一是铁路国家所有权政策问题。国家所有权政策是指有关国家出资和资本运作的公共政策，是国家作为国有资产所有者要实现的总体目标，以及国有企业为实现这些总体目标而制定的实施战略。目前，如何处理国家与铁路之间的关系，如何明确国有经济在铁路行业的功能定位与布局，以及国有经济如何在铁路领域发挥作用，是全面深化铁路改革在政策层面的关键问题。

二是铁路网运关系问题。铁路网运合一、高度融合的经营管理体制，是阻碍社会资本投资铁路的"玻璃门"，也是铁路混合所有制难以推进、公益性补偿机制难以形成制度性安排的根源，因而是深化铁路改革难以逾越的体制性障碍。铁路作为一种网络型、超大型自然垄断企业，究竟应该如何处理路网与运营之间的关系，已经成为全面深化铁路改革的关键问题。

三是铁路现代企业制度问题。党的十八届三中全会明确提出，必须适应市场化、国际化的新形势，进一步深化国有企业改革，推动国有企业完善现代企业制度。我国铁路除了工程、装备企业之外，铁路总公司及所属 18 个铁路局集团公司、3 个专业运输公司绝大多数还不完全具有现代企业制度的特点，这直接导致铁路无法做到产权清晰、权责明确、政企分开。

四是铁路混合所有制问题。发展铁路混合所有制不仅可以提高铁路国有企业的控制力和影响力，还能够提高企业竞争力。当前我国铁路运输主业中仅有太原铁路局、广铁集团以及中铁集装箱运输有限责任公司 3 家企业分别以大秦铁路、广深铁路、铁龙物流这 3 个上市公司为平台，具有混合所有制的特点，其他企业国有资本均保持较高比例，甚至达到 100%，国有资本影响力与控制力极弱，铁路运输企业缺乏活力。

五是铁路投融资体制问题。"铁路投资再靠国家单打独斗和行政方式推进走不动了，非改不可。投融资体制改革是铁路改革的关键，要依法探索如何吸引社会资本参与。"虽然目前从国家、各部委到地方都出台了一系列鼓励社会资本投资铁路的政策，但是效果远不及预期，铁路基建资金来源比较单一的顽疾仍然存在。

六是铁路债务处置问题。铁路总公司在政企分开后承接了原铁道部资产与债务，这些巨额债务长期阻碍着铁路的改革与发展。铁路总公司 2017 年负债约 49 878 亿元，还本付息支出达到 5 405 亿元[①]；随着《中长期铁路网规划（2016—2030）》（发改基础〔2016〕1536 号）的不断推进，如果铁路投融资体制改革不能取得实质性突破，铁路债务总体规模将加速扩大，铁路债务风险将逐步累积。

七是铁路运输定价机制问题。目前，铁路运输定价、调价机制还比较僵化，适应市场的能力还比较欠缺，诸多问题导致铁路具有明显技术优势的中长途以及大宗货物运输需求逐渐向公路运输转移。建立

---

① 中国铁路总公司 2013 年负债约 32 258 亿元，还本付息约 2 157 亿元；2014 年负债约 36 755 亿元，还本付息约 3 302 亿元；2015 年负债约 40 951 亿元，还本付息约 3 385 亿元；2016 年负债约 47 153 亿元，还本付息约 6 203 亿元。

科学合理、随着市场动态调整的铁路运价机制，对促进交通运输供给侧结构性改革、促进各种运输方式合理分工，具有重要意义。

八是铁路公益性补偿问题。我国修建了一定数量的公益性铁路，国家铁路企业承担着大量的公益性运输。铁路作为一个公益性行业，其现有的公益性补偿机制存在很多问题，包括缺乏系统的制度设计、补偿范围界定方法不够科学合理、公益性补偿对象不明确、补偿方式不完善、补偿标准和方法缺乏科学基础、监督机制缺乏以及补偿效果不明显等诸多方面。

九是铁路企业运行机制问题。目前，国家铁路企业运行机制仍受制于铁路总公司、铁路局两级法人管理体制，在前述问题得到有效解决之前，铁路企业运行的有效性和市场化不足。而且，铁路总公司和各铁路局目前缺乏现代企业制度下分工明确、有效制衡的企业治理结构，决策与执行的科学性有待进一步提高。

十是铁路监管体制问题。铁路行业已于2013年3月实现了政企分开，但目前在市场准入、运输安全、服务质量、出资人制度、国有资产保值增值等方面的监管还比较薄弱，存在监管能力不足、监管职能分散等问题，适应政企分开新形势的铁路监管体制尚未形成[38]。

十一是铁路改革保障机制问题。全面深化铁路改革涉及经济社会各方面的利益，仅依靠行政命令等形式推进并不可取。目前，铁路改革的顶层设计、法律法规保障、技术支撑保障、人力资源保障、社会舆论保障等方面还没有形成合力，个别方面还十分薄弱。

十二是改革目标路径问题。十八届三中全会以来，电力、通信、油气等关键领域的改革都已取得重大突破，但关于铁路改革的顶层设计尚未完全形成或公布。个别非官方的改革方案对我国国情与铁路的实际情况缺乏全面考虑，并对铁路广大干部职工造成了较大困扰。"十三五"是全面深化铁路改革的关键时期，当前亟须结合我国铁路实际研讨并确定铁路改革的目标与路径。

4.2.2　我国铁路改革目标的确立

《指导意见》指出，到2020年，在国有企业改革重要领域和关键环节取得决定性成果，形成符合我国基本经济制度和社会主义市场经济发展要求的国有资产管理体制、现代企业制度、市场化经营机制，国有资本布局结构更趋合理[39]。根据上述目标以及当前铁路实际面临的问题，全面深化铁路改革的主要目标应该包括如下几个方面。

1. 确定铁路的国家所有权政策

党的十八届二中全会进一步明确了我国公有制经济的主体地位，即要求国有经济起主导作用，不断增强国有经济活力、控制力和影响力。在全面深化铁路改革的背景下，建立一个公开、透明的国家所有权政策，不仅有利于加强国家对铁路国有企业的控制力，明确监管者和被监管者的责任、权利和义务，也有利于社会各界对企业进行广泛监督，促进政府权力部门在合理的边界内行使所有者职能。

铁路国家所有权政策问题最重要的是要解决国家对铁路各领域企业的功能定位与发展目标，铁路国家所有权政策在深化铁路改革中处于纲领地位，纲举则目张，如果这个问题不首先予以明确，将直接导致其他改革措施难以推进。

加强对铁路国家所有权政策问题的研究，以便对各领域企业采取适宜的控制政策，是全面深化铁路改革有效进行的必要基础。

研究铁路国家所有权政策的目标是：明确总体和具体的铁路国家所有权政策，并在政策、组织和法律法规等方面形成体系；铁路工程、装备、路网、运营和资本各领域企业结合各自发展前景，完成铁路企业的发展和改革分类，公益性领域加强国家控制，竞争性领域开放市场，资本领域根据不同领域企业的特性而进行国有资本绝对控股、相对控股或是参股，体现国家在铁路资本领域的所有权政策，实现铁路各领域企业的良好运营。

2. 妥善处置铁路网运关系

网运关系是铁路经营管理体制的重要组成部分，直接决定经营管理体制能否适应市场发展趋势。随着社会主义市场经济体制逐步建立，铁路经营管理体制中的问题日益增加。网运关系与社会发展的不符直接导致铁路系统内部机构臃肿、产权划分不清、职能划分不清、权责不对等、不便于根据市场需求来合理分配市场资源，并致使铁路投融资体制、公益性补偿、中长期债务等方面存在较多问题。铁路作为一种网络型、超大型自然垄断企业，究竟如何处理路网与运营之间的关系，已经成为全面深化铁路改革技术层面的首要关键问题。

我国铁路经营管理体制改革应充分考虑路网的整体性与运营的竞争性，并探索出一种充分发挥路网整体性与运营竞争性优势的经营管理模式——统分结合的网运分离经营管理体制，其主要特点包括 3 个方面。

一是"网与运分离"，即从事路网建设与管理的企业不参与运输经营活动；

二是"网与网统一"，即将铁路路网收归为一个大、统、全的国有企业或管理机构（即中铁路网公司），统一规划建设、调度指挥，以充分发挥路网作为国家基础设施的重要作用；

三是"运与运分离"，即打破铁路运输经营的垄断，做大做强三大专业运输公司，同时将铁路运营权下放到若干小、专、精的各类社会资本广泛参与的运营企业，充分放开竞争性业务，使这些企业在充分竞争的条件下提供更加优质高效的运输服务。

3．建立铁路现代企业制度

现代企业制度是指以市场经济为基础，以企业法人制度为主体，以有限责任制度为核心，以产权清晰、权责明确、政企分开、管理科学为条件的新型企业制度。

2013 年铁道部撤销，实现铁路政企分开，然而现阶段铁路建立的现代企业制度却并不完全符合新型企业制度的要求，仍存在诸如产权制度不够清晰、权责划分不够明确、管理体制不够科学等一系列问题。尤其是铁路路网和运营领域的企业还并未完全建立起规范的现代企业制度，其现代企业制度建设进程远远落后于铁路工程、装备和资本领域企业，也明显滞后于铁路改革和发展的实际进程，难以跟上铁路迅速发展的步伐和满足铁路深化改革的实际要求。

因此，在当前铁路改革的关键时期，迫切需要将铁路现代企业制度研究纳入全面深化铁路改革中，并将其作为全面深化铁路改革亟须解决的关键问题之一，在铁路路网和运营领域建立起规范的、有效制衡的公司法人治理结构，并进一步形成产权清晰、权责明确、管理科学的现代企业制度。

4．实现铁路混合所有制

产权改革作为新一轮国有企业体制改革的重心，随着全面深化改革的不断深入，产权改革逐渐呈现出更多、更新的改革内涵。以产权改革来实现国有经济的战略性制度调整，将极大地完善我国的基本经济制度、提升国有经济的运行效率。

目前，我国铁路企业所有制形式较为单一，中国铁路总公司系统的企业国有资本均保持较高比例，铁路国有资本总体影响力与控制力极弱，亟须通过混合所有制改革扩大国有资本控制力，扩大社会资本投资铁路的比重。发展铁路混合所有制不仅可以放大铁路国有资本功能，提高国有资本配置和运行效率，还能够提升铁路企业的竞争力。

进行铁路混合所有制改革后，在运营公司层面，保持三大专业运输公司国有资本控股的基础上，中国铁路总公司及18个铁路局集团孵化出的一大批运营公司将推向市场，全部为或改制为社会资本控股或参股的股份有限公司（若具备条件可上市），并允许各类社会资本进入铁路运营公司，铁路运营作为"竞争性业务"彻底面向市场开放（除军事运输和公益性运输外）。在路网公司层面，实现中国铁路路网（集团）股份有限公司上市，成立中铁路网集团股份有限公司。基于铁路路网基础性地位和对国家经济安全的重要战略地位，中铁路网集团股份有限公司由国有资本绝对控股、各类社会资本参股。

5．改革铁路投融资体制

我国铁路建设资金结构不合理、投融资渠道单一的现象长期存在，直接导致铁路中长期负债规模不断增大，铁路债务风险持续累积，"融资贵、融资难"是社会资本投资铁路面临的最大难题。

在我国铁路"政企分开"之后，为了有效引导适合社会资本融入铁路投融资领域，国务院、相关部委以及铁路职能部门等以前所未有的高频率颁布了一系列全面深化铁路改革的政策文件，尤其在勉励和扩大社会资本投资建设铁路等层面上给出了重要指导意见。虽然铁路投融资政策已向社会开放，社会资本与铁路之间的"有形门"得以完全拆除，但社会资本投资铁路的积极性仍然不高，这充分说明阻碍社会资本投资铁路的"玻璃门"仍然存在。随着《中长期铁路网规划（2016—2030）》的公布实施，上述问题必将更加突出。

因此，迫切需要将铁路投融资体制改革纳入全面深化铁路改革工作，并通过铁路投融资体制改革，实现吸引社会资本投资铁路、在铁路领域积极发展混合所有制的目标。

6. 有效处置铁路债务

近年来，随着铁路建设进度的加快，一大批重点项目相继建成运行，我国铁路建设取得了较大的成就，尤其是高速铁路的发展。高速铁路网快速扩大，但铁路改革迟迟未有实际成果，两者因素叠加导致中国铁路总公司的债务规模持续增加。虽说大量举债的同时铁路总资产也快速增长，总体上是合理可控的，但是由于债务规模太大，企业仍存在财务风险。据统计，截至 2017 年 12 月 31 日，中国铁路总公司负债达 4.99 万亿元，较 2016 年 4.72 万亿元增长约 2 700 亿元。

巨额负债带来巨大的还本付息压力。根据中国铁路总公司各相关年度财务报告，中国铁路总公司 2013 年年底至 2017 年还本付息分别是 2 157.39 亿元、3 301.84 亿元、3 385.12 亿元、6 203.35 亿元、5 405.07 亿元，其中仅利息支出分别高达 535.33 亿元、629.98 亿元、779.16 亿元、752.16 亿元、760.21 亿元。

由此可知，铁路债务已经严重影响了铁路运输企业的正常经营，也是社会资本不敢进入铁路企业的主要原因之一，严重影响铁路的现代企业制度改革，如不果断采取有力措施，铁路债务问题可能会迅速演变成为一场债务危机，并进一步蔓延影响到其他相关产业部门，甚至危及国家财政和金融系统的安全。因此，将铁路债务纳入铁路改革的目标之中是极其必要的。

在改革完成之后，铁路债务应在极大程度上得到缓解。以建立归属清晰、权责明确、流转顺畅的现代产权制度为目标，大力引进增量资金，盘活存量资产，用市场的手段解决铁路运输企业发展的历史遗留问题。通过有效的债务处置手段，如债务免除，转增资本金，债转股以及产权（股权）流转降低铁路负债率，最终建立适应社会主义市场经济要求的运营体制，优化吸引人才，增加铁路运输产品，增强市场竞争能力，推动企业发展，实现资产保值增值，促进铁路的现代企业发展。

7. 优化铁路运输定价机制

铁路运输按照市场经济规则进行企业运作，市场要求铁路在提供差异化的运输服务时也要提供合理合法、高度透明的价格。而我国铁路当前定价机制仍有缺陷，其导致的诸多问题对铁路运输企业生产活动产生了负面影响，使其不能很好地适应市场。

国家改革事业正如火如荼地开展，运输、物流市场也已发生较大变化。全面深化改革事业稳步向前，市场化经济深入各行各业，运输行业竞争激烈化的环境都促使铁路运价改革。铁路运价机制改革是我国铁路经营管理机制改革大方向下的必经环节，铁路运价形成机制由铁路经营管理机制决定，铁路运价机制改革的进展也影响着铁路经营体制下其他各项改革的进程。

铁路运价改革需要实现的目标分为两个层面。

（1）运价运行机制层面。

① 合理的铁路客货运输运价水平：传统客货运输的基准运价仍应根据运输成本来确定，铁路运输企业应具备完善的成本核算体系；铁路运价水平与其他参与竞争的运输方式运价间具备合理的比价关系。

② 准确的定价导向：由基于成本导向的定价思路逐渐转变为基于市场化导向（竞争、需求导向）为主导的定价思路。

③ 完善灵活的运价体系：简化运价计算体系以及运价的内部构成，考虑时间、区域因素等差异化的运价制定；划分公益性与经营性运输范围，区别性制定运价、推出政策。

（2）运价管理机制层面

① 放松运价管制，分类别管理：区分公益性与经营性，区分线路与产品属性的管理，以市场调节价为主导，辅以特殊类别下的政府指导价管理。

② 健全的价格监管审查体系：政府决策部门强化监督铁路运价的合理制定与执行，面向社会适当透明化运价并接收消费者监督。

③ 有效的价格监测体系：完善对市场中其他参与竞争的运输方式运价的价格监测，加强铁路运输企业对市场环境的敏感性，有针对性地灵活调整铁路运价。

8．建立铁路公益性补偿机制

铁路具有一个重要的特性，即所提供的运输服务一般具有公益性。公益性是普遍存在的，尤其是以铁路为代表的国家基础设施，其公益性特征更为突出，无论是发达国家还是发展中国家，铁路项目或多或少地承担着国土开发、消除地区经济发展差距、加强巩固国家统一和民族团结、满足军事需要等非经济性业务。铁路公益性是社会各相关主体对铁路运输企业的社会性普遍服务的要求，是运输企业服务业务中取得社会效益但其成本没有得到完全补偿的部分。与其他服务或产品相比，公益性服务或产品为满足社会公共利益需要而无法营利，无法按照社会的市场经济规律运行。

由此可知，铁路的公益性已经严重影响了铁路运输企业的正常经营，成为导致铁路企业无法盈利的关键因素之一，也严重影响了铁路的现代企业制度改革。若不及时处理铁路公益性问题，铁路企业将亏损更多，造成铁路债务进一步加大，使铁路企业逐渐失去市场竞争力，无法得到社会的认可。因此，将铁路公益性补偿机制纳入铁路改革的目标之中是必然的。

在改革完成之后，铁路公益性问题应最大限度得到解决。铁路企业建立起铁路公益性数据库，对铁路企业承担的公益性运输和公益性铁路线路，根据铁路公益性数据库，在国家的支持下，由财政部每年划拨一定的补贴金额，并监督补贴额的去向，使补贴额真正用于铁路公益性补贴，以解决铁路公益性亏损，促进铁路的现代企业发展。

9．优化铁路企业运行机制

本书认为国企改革分为国家所有权政策、国有资产管理体制、企业治理结构、企业运行机制四个层次。其中，企业运行机制描述的是企业如何在高级管理人员的组织下进行企业生产经营活动。铁路改革在突破上层体制障碍之后，最终会下沉到企业运行机制这个最直接体现企业运作与效益的层次。研究铁路各个行业的企业运行机制，是整场深化铁路改革的最终呈现，它不仅是各个领域独立运作方式的描述，还是各个领域相互作用的关系描述。

企业运行机制的研究，主要针对路网、运营、工程、装备、资本五大铁路领域的大型国有企业，根据不同领域企业的特点和当前发展状况，从企业决策机制、企业激励机制、企业约束机制、企业运营策略以及企业人事、劳动、分配制度等方面阐述其运行机制，并提出未来发展建议，以期在盈利能力、技术创新、品牌建设等方面提升各领域企业的运作效率，同时促进各领域企业协同发展，优化全铁路行业的整体资源配置与运作效率。

10. 健全铁路监管体制

2013 年 3 月 10 日，十二届全国人大一次会议批准《国务院机构改革和职能转变方案》，使得我国铁路行业政企分开，但是仍然存在制约铁路监管现代化的弊端和结构性矛盾，主要表现为：① 专业监管机构的监管职能不足；② 监管体制职能分散；③ 缺乏监管法律保障；④ 缺乏单独的问责监督体制；⑤ 个别企业仍承担部分政府监管职能。

基于当前我国铁路监管现状及存在的问题，稳中求进地推进铁路监管体制改革，对推动铁路建设和运营可持续发展，构建统一开放、公平公正、有效竞争的铁路运输市场，具有较大的现实意义，因此有必要将铁路监管体制改革纳入目标。

我国铁路监管机构的设置，应当按照循序渐进的方式，适时地、分阶段采用不同的铁路监管设置模式。当前我国铁路的监管机构设置模式为在交通运输部之内，下设专业监管机构，但应考虑着重加强专业监管机构国家铁路局的监管职能，创建单独问责机制。我国铁路行业未来可以建立独立的专业监管机构，依据法律法规分类独立监管铁路各项内容，可将经济性监管职能主要集中于专业性监管机构，把社会性监管职能交给社会综合监管机构承担，从而减少专业机构的工作量，提高监管效率。

11．完善铁路改革保障机制

全面深化铁路改革涉及经济社会各方面的利益，仅依靠行政命令等形式推进并不可取。只有在领导组织、顶层设计、国家政策、法律法规、社会舆论、人力资源以及技术支撑等保障层面形成合力，完善铁路改革保障机制，才能推进各阶段工作的有序进行。目前，铁路改革在党的领导、顶层设计、国家政策、法律法规、社会舆论、人力资源、技术支撑等方面没有形成合力，个别方面还十分薄弱，明显滞后于铁路改革和发展进程，难以跟上铁路改革发展的实际要求。

铁路改革保障机制主要由以下几方面构成。

（1）坚持党的领导，这是深化铁路改革必须坚守的政治方向、政治原则；

（2）成立国家铁路改革咨询委员会，下设 12 个专门委员会，承担协助党中央和国务院领导全面深化铁路改革的决策咨询和协调的职能；

（3）完善铁路改革的混合所有制、投融资、公益性补偿、运价等政策；

（4）提高铁路改革制度设计层级、加强铁路相关法律建设；

（5）加强内部和外部宣传，创新铁路改革宣传工作；

（6）加强高层管理人才体系、经营管理人才体系和基层职工人才体系建设；

（7）强化路网安全、提高路网效率和推进网运关系调整，完善铁路改革技术保障。

12．明确铁路改革目标路径

全面深化铁路改革，首先应当深入分析当前铁路系统所面临的难题，找到问题的症结所在，并思考解决问题的途径，因此，明确铁路改革目标与路径，也是铁路改革的重要目标之一。

改革开放伊始，我国铁路就积极寻求改革出路，也在不断摸索进步中。但纵览我国铁路改革历程，还没有过系统、全面、深入的铁路改革方案。随着我国社会经济和铁路建设的高速发展，铁路系统的弊端也越发突出。我国国企改革已进入深水区，铁路作为重要的国民经济大动脉，也迫切需要一套系统全面的改革方案。

明确铁路改革目标与路径是全面深化铁路改革的总体设计。在"稳中求全、稳中求进"的总基调下，共确立包括自身在内的 12 个目标：确立铁路国家所有权政策、妥善处置铁路网运关系、建立铁路现代企业制度、实现铁路混合所有制、改革铁路投融资体制、有效处置铁路债务、优化铁路运输定价机制、建立铁路公益性补偿机制、优化铁路企业运行机制、明确铁路改革目标与路径、完善铁路改革保障机制、健全铁路监管体制；以及实现改革目标的"六步走路径"：① 改革准备阶段；② 运营业务公司化（运营资源整合）；③ 网运分离；④ 路网整合（路网资源整合）；⑤ 铁路国有资产管理体制改革；⑥ 配套改革。

4.2.3　我国铁路改革目标的相互关系

1. 国企改革的四个层次

在第 1 章绪论中讲到了国有企业改革背景，从其中国企改革的发展历程我们可以看到，国企改革探索阶段诸如"扩权让利""利改税""经济责任承包制"等举措，是从企业运行管理方式层面进行变革，旨在提升国企运行活力，但并没有涉及更为深层次的国有企业体制问题，可以理解为上层建筑没有发生变化。在之后的突破阶段开始调整上层建筑的构架，建立现代企业制度；在完善阶段进一步深入，通过建立国资委来改革国有资产管理体制。从国企改革逐步纵向深入的发展历程，我们可以得到国企改革的四个层次，即国家所有权政策层次、国有资产管理体制层次、企业治理结构层次、企业运行机制层次，如图 4-1 所示。

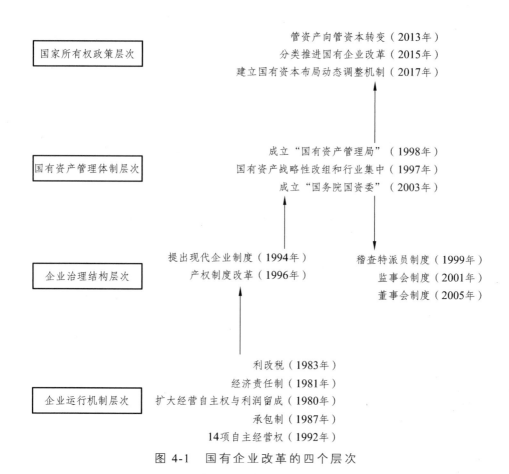

图 4-1 国有企业改革的四个层次

（1）国家所有权政策层次：中国的国企改革中存在的问题不仅有企业本身的问题，还有国家的政策、有关体制、法律本身不健全的问题。比如一个很大的问题，我国关于国有企业的目标、行为，政府和国有企业的关系，国有企业与市场的关系，包括民营、国民的关系等方面的规则一直不明确。国家应该根据国有资本的战略定位和发展目标，结合不同国有企业在经济社会发展中的作用、现状和发展需要，将国有企业进行分类定位，并采取适宜的控制政策。国有经济的背后涉及的是国家所有权，国家所有权政策的实施效果如何，不仅会影响我国国有企业的发展和改革，而且对我国经济的发展具有重大的现实意义。

（2）国有资产管理体制层次：国有企业的所有者是全体人民，这种名义上的所有者无法履行其权能，无法直接参与到企业管理中，于是，全体人民作为出资人的权利、义务、责任的"人格化"实现，以及由此建立起来的国有资产管理体制，是讨论一切机制和体制的基础。除此之外，还需要存在一种问责机制，使国家作为所有者的"所有权政策"有深谋远虑的战略目标以及具体的年度目标。在国有资产管理体制这一层次上，我们还有许多制度需要设计与完善。

（3）企业治理结构层次：保证出资人权利在国企内部能够落地，保证股东权利精准化实现，需要完善公司治理结构。在市场经济国家，董事会制度是国有公司普遍采用的、代表出资人履行所有者权能的制度。但如何在国有企业中完善董事会制度和监事会制度，真正实现企业所有权和经营权的有效分离，仍然值得深入研究和探索。比如，如何完善国家委派的董事的选拔机制，选择专业并且具有责任感的人进入董事会中；如何处理好董事会、监事会、内部董事和外部董事之间的关系，进一步完善国有企业领导体制。这些都需要进一步深化改革。

（4）企业运行机制层次：企业运行机制是指在一定生产关系和外部环境条件下，企业正确地处理人、财、物关系和责、权、利关系，并使这些关系互相结合、互相协调、互相促进，保障企业各种生产经营活动有效运作的机理和功能。运行机制是一个综合体系，由许多分机制构成，有了这些分机制才能保证企业运行机制活动的实现。简而言之，企业在高级管理人员的组织下进行生产经营活动，就是企业运行层次。

在这四大改革层次中，国家所有权政策是国有企业发展和管控的根源，国有资产管理体制是实现国家所有权政策的有效途径，企业治理结构则是沟通连接企业与国家的骨架，企业运行机制是直接实现国有企业效益的层次。作为与企业效益直接相关的企业运行机制，其高效运作需要国家所有权政策的引导以及"资产管理"和"治理结构"的支撑。

国家所有权政策层面、国有资产管理体制层面、企业治理结构层面、企业运行机制层面，这四大层面形成了我国国企的改革逻辑。对于国企改革，我国的摸索历程是由下到上，由浅入深，由企业运行机制向国有资产管理体制延伸。而在积累了丰富改革经验的今天，再谈国企改革，我们应当充分认识到这四个层次之间的关系，进而由上到下，由根到枝，全面规划国企改革。我国铁路改革目标的确立就是依照这四个层次，充分借鉴我国国企改革摸索出的宝贵经验，力求规划全面，争取改革"一步到位"。

2.全面深化铁路改革的逻辑

长久以来，我国铁路运输业的自然垄断性与市场经营性互相交织，阻碍了以市场为导向的铁路改革进程，经营管理水平落后、中长期债务难以处理、公益性补偿不到位、现代企业制度不完善、社会资本难以进入等诸多问题存在于我国铁路的综合管理、企业经营、投资建设和计划规划等各个层面，铁路系统内部矛盾突出、发展形势十分严峻。现行的铁路经营管理体制不仅难以满足市场经济条件下铁路行业的发展需求，并在一定程度上成为铁路进一步发展的体制性障碍，全面深化铁路改革刻不容缓。

在"铁路改革研究丛书"中，我们对铁路错综复杂的问题进行了梳理，从全面统筹和整体规划的角度，将深化铁路改革面临的问题分为铁路的国家所有权政策、网运关系、现代企业制度、混合所有制、投融资体制、债务处置、公益性补偿、定价机制、企业运行机制、监管体制、改革保障机制、改革目标与路径12个方面。而这12个方面，实则隐含着"国家所有权政策层面""国有资产管理体制层面""企业治理结构层面""企业运行机制层面"这四大国企改革层面的内在逻辑。

"铁路改革研究丛书"中的12个专题与国企改革4个层次的关系如图4-2所示（所列书名均为简称）。其中，一个特定的专题可能同时涉及多个层面。例如，《债务处置》主要属于企业运行机制层面，但债务处置中的债转资本金、债转股等方式，意味着产权制度、股权在改变，这又属于国有资产管理层面，也可能带来企业治理结构的改变，还涉及国家所有权政策的相关规定；再如，《混合所有制》既涉及国家所有权政策与国有资产管理体制，也会影响到企业治理结构。

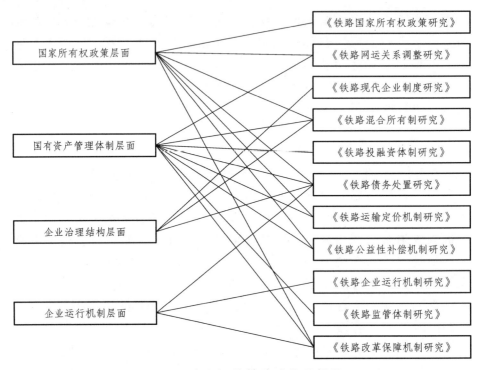

图 4-2　全面深化铁路改革逻辑图

（备注：任意一个专题与所涉及的国企改革层次之间的关系在图中用连线表示，但并不意味着该专题与其他没有连线的层次之间没有任何联系）

　　铁路的国家所有权政策是指对于铁路，有关国家出资和资本运作的公共政策，说明国家投资和兴办或出资铁路企业的功能、作用、目标和领域，国家的铁路国有企业治理方针和实施方式，处理国有企业与社会、与其他企业关系及规则的基本政策。

　　我国铁路改革首先需要明确铁路的国家所有权政策。明确铁路在国民经济中的性质及功能定位，明确国家在铁路领域要实现的发展目标及实施战略，是后续改革方案设计的依据和基础。只有确定了铁路各领域的企业目标和功能定位，厘清铁路公益性和竞争性的内在属性，才能进一步明确国家对各领域的控制方式，是否允许社会资本参加，铁路各领域国有企业的出资人、法律形式以及相应的治理结构。加强对铁路的国家所有权政策问题的研究，以便对各领域企业采取适宜的控制政策，是全面深化铁路改革有效进行的必要基础。

明确了铁路国家所有权政策（特别是明确路网应以垄断性和公益性为主、运营应以竞争性和商业性为主）之后，根据党中央、国务院和有关部委关于国有企业"分类改革、分类发展、分类监管、分类考核"的有关精神，对铁路网运关系进行调整就显得十分必要。铁路网运关系调整是实施铁路国家所有权政策，解决铁路其余深层次问题的"破门之斧"，也是深化铁路改革技术层面的关键问题。

本书建议"路网宜统、运营宜分、统分结合、网运分离"，并建议在铁路领域实施以"网与运分离、网与网统一、运与运分离"为特点的"统分结合的网运分离"方案。铁路网运关系调整在国家所有权政策的层面上，可以理解为国有资本在铁路路网和运营两个领域的布局调整。在铁路网运方面，将国有资本调整为集中于路网领域，保证国家对铁路的控制力，运营领域向社会资本全面开放（部分运营可能仍然需要国有资本控股），充分发挥铁路市场机制作用，释放铁路运营领域的竞争活力。

基于统分结合的网运分离将释放政府对行业的过多管制，促进铁路运输企业成长为真正的市场主体，为加速铁路公司制、股份制改革，建立和完善铁路现代企业制度提供有利的外部环境。同时，网运关系调整后，路网的巨大沉淀成本转移到路网公司，庞大的铁路基础设施建设和维护将由国有资本承担，为众多规模较小的社会资本进入运营市场创造条件，同时有利于吸引社会各方面资金参与铁路建设与运营，破解铁路投融资体制改革难题，进而为铁路债务处理提供条件。在公益性补偿方面，路网与运营分离之后，能够明确补偿主体与补偿对象，也避免了以往不合理的清算分配制度。运营公司单纯的逐利性会自然地形成整张路网上线路的运输密度差异，这样，市场无形的手就将"公益性"线路自然地析出，为建立科学合理的公益性经济补偿核算方法提供依据。所以网运关系调整是铁路改革的关键问题。

铺垫好了铁路国家所有权政策和铁路网运关系调整这两块基石，后续改革就有了最深层次的依据和深入推进的条件。接着，继续深入研究铁路投融资体制改革、混合所有制改革、公益性补偿机制等内容。这些内容同接下来在企业治理结构层面研究的现代企业制度和企业运行机制层面上的债务处置等问题虽说有层次上的不同，但却可以同时推进，不像铁路国家所有权政策和铁路网运关系调整一样，与后续改革之间存在逻辑上的先后关系。有些时候，它们甚至相互交融，互相促进。比如混合所有制改革与投融资、债务处置有交叉之处，同时还可以促进企业法人治理结构的建立和完善。

例如，铁路投融资体制改革、中长期债务处置、铁路混合所有制改革、铁路公益性补偿四个关键问题之间相互融合、彼此促进，具体表现在以下三个方面。

（1）在现代企业制度建立后，通过投融资体制改革，创造适应社会资本进入铁路的环境与机制，大力吸引社会各方面资金参与铁路建设与运营，促进铁路的大发展和运输能力的缓解，从量变到质变、从局部到整体。社会资本的进入不仅可以填补铁路建设资金缺口，缓解铁路债务压力，而且可以推动铁路产权的多元化发展，对促进铁路公司制、股份制改革，促进铁路管理体制改革顺利向前推进等有积极作用，与铁路行业发展混合所有制经济、解决中长期债务问题、完善公益性补偿机制相互促进。

（2）在铁路行业着力发展混合所有制经济，将进一步促进铁路产业升级和结构优化，放大铁路国有资本的控制力。同时，铁路混合所有制的改革进程，其实就是产权多元化的过程，其可促进铁路投融资体制的进一步发展和完善。并且，在铁路混合所有制改革进程中可能伴随着产权流转的过程，产权流转过程是处理铁路中长期债务的一部分，也是铁路建立现代企业制度的重要环节。

（3）随着铁路投融资体制改革、混合所有制改革的推进，铁路运输企业将成为完全自主经营的市场主体。在市场为导向的现代企业制度下，公益性补偿对象也就逐步明确，从而为建立和完善铁路运输公益性补偿机制创造了有利条件。

铁路改革在突破了上层体制障碍之后，最终毫无悬念地会回落到最直接体现改革效益的运行机制层次。优化铁路运输定价机制与企业运行机制是与企业生产活动联系最紧密的改革目标，直接体现改革效益。尽管这两个目标最贴近铁路行业各企业的实际运行，也是广大铁路干部职工最为关心的内容，但其能否改善企业经营状况，不是企业经营策略单一因素作用的结果，只有在国家所有权政策层次、国有资产管理体制层次、企业治理结构层次的问题解决之后，各类经营策略才能最大限度地发挥作用。也就是说，要实现这两个目标效果最大化，需要其他目标的实现来支撑。

全面深化铁路改革除了从正面击破各类关键问题，还需要侧面的辅助。完善改革保障机制是全面深化铁路改革中其他目标顺利实现的有力保障，直接决定改革效果，而健全的铁路监管体制是未来铁路良好有序发展的制度保障。

4.3　本章小结

本章的主要工作包括总结我国铁路改革的总体思路，结合当前我国铁路改革中存在的问题提出全面深化铁路改革的目标，并分析 12 个铁路改革目标之间的相互关系。

通过对中共中央、国务院和相关部委多次重要会议精神的分析，我们认为，应该坚持根本性原则、系统性原则、差异性原则、渐进性原则及持续性原则，针对我国铁路存在的一系列深层次问题，特别是铁路网运关系、现代企业制度、混合所有制、投融资体制、铁路债务处置、铁路运输定价机制、公益性补偿机制、企业运行机制、监管体制、改革保障机制、改革目标与路径等问题，制定相对应的铁路改革目标。

国企改革可分为四个层次，即国家所有权政策层次、国有资产管理体制层次、企业治理结构层次、企业运行机制层次。在确立深化我国铁路改革目标时，对铁路错综复杂的问题进行了梳理，从全面统筹和整体规划的角度，将深化铁路改革的目标确立为铁路的国家所有权政策、网运关系调整、现代企业制度、混合所有制、投融资体制、债务处置、定价机制、公益性补偿、企业运行机制、监管体制、改革保障机制、改革目标与路径 12 个方面。而这 12 个方面，实则隐含着"国家所有权政策层面""国有资产管理体制层面""企业治理结构层面""企业运行机制层面"这四大国企改革层面的内在逻辑。

第5章 全面深化铁路改革的实施路径

根据第 4 章所述新形势下全面深化铁路改革的主要依据、基本原则与主要目标，本书认为应在加强顶层设计的基础上，按照"六步走"的实施路径，先着手进行改革的相关准备工作，然后将运营业务公司化（运营资源整合），接着进行网运分离，再进行路网整合（路网资源整合），而后成立投资运营公司，并进行配套改革，从而积极稳妥、统筹兼顾地推进铁路改革。

5.1 顶层设计

党的十八大以来，党中央、国务院颁布了《关于深化国有企业改革的指导意见》，出台了 22 个配套文件，形成了"1+N"政策体系，同时也形成了我国国企改革的顶层设计。"1+N"政策体系作为当前与今后一定时期内全面深化国有企业改革的纲领性文件，对制定铁路改革专项文件具有重要指导意义，因此处于全面深化铁路改革顶层设计的第一层次。

目前，全面深化铁路改革主要有三类备选方案，即区域分割方案[40]、网运分离方案[20]、综合改革方案（分为综合改革-魏际刚方案和综合改革-左大杰方案[41]）。选择何种方案来推进改革进程，处于全面深化铁路改革顶层设计的第二层次。

区域分割方案是指将铁路总公司下属的 18 个铁路局（集团公司）按照区域进行横向划分，形成几家区域性公司。区域分割方案尽管能够以行政命令的形式快速推进，也在一定程度上存在提高运输效率的预期，但因其没有贯彻十八届三中全会全面深化改革的有关精神，规模庞大的区域性公司可能"复制"日本国铁改革前的所有问题，如存在可能形成新的运输壁垒并危害国家安全、现阶段区域竞争难以实现、未能明确中国铁路总公司的去向以及各方利益难以平衡等缺陷，难以作为当前全面深化铁路改革的优先方案[42]。

网运分离方案是指把具有自然垄断性的国家铁路网基础设施（Railway Infrastructure）与具有市场竞争性的铁路客货运输（Railway Transport Operation）分离，组建中国铁路路网公司和若干个客运公司、货运公司，实行分类管理。尽管网运分离方案具备有利于吸引社会资本、有利于提高效率、有利于加强竞争等优点，但因其没有运用党的十八届三中全会关于全面深化改革的有关理论成果，在全面深化铁路改革的指导思想上存在一定的局限性，而且对当前铁路现代企业制度不完善、中长期债务难以处置、混合所有制不充分、公益性补偿机制不够健全等突出问题均未给出解决方案，因此也难以作为当前全面深化铁路改革的优先方案[42]。

综合改革-魏际刚方案是顶层设计加自上而下的改革路径，其改革目标是形成全面激发铁路发展活力、增强行业竞争力和持续发展能力、更好地为经济社会发展服务的体制；铁路行业真正成为市场主体；形成统一开放、公平公正、有效竞争的铁路运输市场；行业管理、监管、治理高效，法律体系完备。

综合改革-魏际刚方案的实施路径是先进行铁路行业内部战略性重组，成立一批"中"字头大型铁路客运公司、货运公司以及路网公司等，撤销铁路总公司，组建中国铁路投资和资产管理公司，然后全面放开铁路市场。综合改革-魏际刚方案的突出特点主要包括以下几点：① 注重顶层设计；② 以"网运分离+路网垄断+运营垄断+业务分割"作为改革目标，③ 选择"自上而下"的改革路径。

综合改革-左大杰方案是指根据党的十八届三中全会通过的《中共中央关于全面深化改革若干重大问题的决定》，并充分结合我国铁路实际，以实施基于统分结合的网运分离经营管理体制为突破口，以建立铁路现代企业制度为主要抓手，以基于产权多元化的混合所有制企业为实现形式，成立一个全国统一的路网公司与一大批运营公司，从而实行网运分开，放开铁路运营等竞争性业务，推进铁路资源配置市场化的一系列改革方案。

综合改革-左大杰方案坚持以十八届三中全会精神为指导，大胆运用了《中共中央关于全面深化改革若干重大问题的决定》提出的一系列理论成果，改革指导思想具有先进性。综合改革-左大杰方案中后期以产权流转为手段推进改革，可以充分发挥市场在资源配置中的决定性作用而避免采用行政手段，改革手段具有持续性。尽管综合改革-左大杰方案需要持续一定的时间，但能够满足十八届三中全会确定的"到 2020 年在重要领域和关键环节改革上取得决定性成果"的时间要求[42]。

综合以上分析，区域分割、网运分离两个方案对当前铁路投融资体制、中长期债务处置等一系列深层次问题缺乏明确的解决方案，并在指导思想上存在局限性，因此上述两个方案不宜成为全面深化铁路改革的优先方案；综合改革-魏际刚方案中路网与运营业务边界、资产边界很难在顶层设计阶段明确，所以边界判断失误的风险很高，从而可能导致铁路系统内部混乱；而综合改革-左大杰方案，改革思路具有先进性，改革进程具有持续性。因此，建议将综合改革-左大杰方案作为当前全面深化铁路改革的优先方案[42]。

5.2 实施方案

根据《关于深化国有企业改革的指导意见》《关于国有企业功能界定与分类的指导意见》等政策文件，以及综合改革方案的主要目标，结合铁路当前改革与发展实际，本书对全面深化铁路改革提出"六步走"建议。

5.2.1 改革准备阶段

1．阶段目标

该阶段包含两个层面的目标：一是在国家层面上，应明确铁路国家所有权政策，为深化铁路改革奠定基础（该层面目标的实施，可参见本书第 7 章 7.2 加强顶层设计）。二是在企业层面上，即① 完成中国铁路总公司及其下属企业改制，初步建立现代企业制度；② 推进非运输主业企业和三大专业运输公司的股份制改造(条件具备时可上市)。

中国铁路总公司（及其所属单位）改制是全面深化铁路改革的破局之策，其主要目标：①对 17 个非运输主业下属单位以及 18 个铁路局进行改制；②在完成对 18 个铁路局的改制后，对铁路总公司本级进行公司制改制[①]；③继续深化货运改革、推进铁路客运改革；④对其他铁路企事业单位进行资产清查及核对工作。

公司制改革是建立现代企业制度的基本前提，其改革的最终目标是建立现代企业制度，完善公司治理结构。

正如中国铁路总公司总经理陆东福所说："推进公司制改革，是铁路系统坚决向党中央看齐、听从中央号令、体现政治站位和责任担当的具体行动，是消除制约国铁发展的体制弊端、实现从传统运输生产型企业向现代运输经营型企业转型发展的必然选择。推进这一改革，可以为铁路发展搭建新平台，注入强大内生动力和市场活力。"[②]

中国铁路总公司确定的 2018 年改革路线图包括以下四个方面。

（1）加快构建公司制运行机制。落实总公司公司制改革"三步走"目标，进一步厘清总公司和铁路局集团公司的管理关系，明确权责，全面确立铁路局集团公司市场主体地位。按照"两个一以贯之"的要求，推进公司制改革后企业治理工作创新，健全公司法人治理结构，规范运作形式。推进以公司章程为核心的管理制度体系建设，完善企业内部治理体系和国有资产监管体系，加快构建新的运行机制，实现

---

① （1）2018 年中央经济工作会议要求加快推动铁路总公司股份制改造，这
　　是中央为铁路改革设定的总体性、终极性目标。本书建议中国铁路总公
　　司以中央经济工作会议精神为指导，充分结合铁路实际，抓紧制定具体
　　性、阶段性目标，报国务院、财政部审批后严格按计划执行。（2）铁路
　　改革十分迫切，一天也不应耽搁。应充分认识到铁路股份制改造方案
　　论证需要较长时间，待方案明确后再实施铁路总公司改制可能存在贻
　　误改革时机的风险。因此，建议在进一步论证铁路股份制改造方案的
　　同时，应首先将铁路总公司改制为国有独资公司，以尽快发挥新体制
　　机制的作用。

② 来源于中国铁路总公司在北京召开的党建暨公司制改革工作会议报告。

公司治理高效运行。

（2）深化非运输企业改革。按照专业化、规模化、网络化的原则，深入推进非运输企业公司制改革和重组整合工作，建立科学合理的考核评价体系和经营激励机制，推动非运输企业经营资源配置优化、经营管理规范化。以骨干非运输企业为重点，整合相关资源，开展资本运营，提高非运输企业经营发展水平。

（3）积极推进混合所有制改革。研究各专业优势公司和科技型企业实施混改方案，引入社会优质资源，推进 Wi-Fi 运营公司股权转让，构建市场化运行机制，促进铁路资本与社会资本融合发展。加强对股权转让、引入外部投资者等事项的分析论证，依法推动合资合作。

（4）稳妥推进干部人事制度、用工和收入分配制度三项制度改革。

由此可见，本书关于"改革准备阶段"工作的设想，同当前改革实际有不谋而合之处。

2．实施路径

改革准备阶段的实施路径如图 5-1 所示。

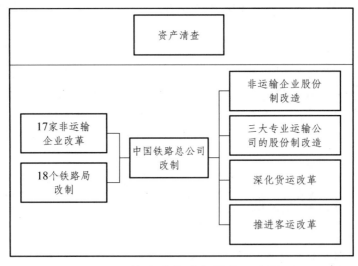

图 5-1　铁路改革准备阶段示意图

（1）开展铁路资产清查工作，防止后续改革过程中出现国有资产流失问题。

固定资产清查是企业固定资产科学管理中重要的一环，全面细致地清查不仅可以让企业多方面了解自身的固定资产使用及闲置情况，及时发现固定资产在保管、使用中存在的问题，同时也是对企业现行的管理体制、内控体系的有效检测。

固定资产在铁路运输企业资产中占的比例很大，以铁路工务段为例，固定资产总额要占到资产总额的95%以上，可见加强固定资产科学管理仍是铁路企业财务管理工作中的重中之重。因此，在推进铁路全面深化改革，尤其是铁路企业股份制改造的过程中，为防止国有资产流失，铁路运输企业的固定资产清查工作尤为重要[43]，且持续时间较长。

通过资产清查工作，可以使铁路管理层全面掌握各铁路企业单位资产管理使用状况，确保资产安全和完整，铁路部门应该重视并全面细致地开展固定资产清查工作，并在实施过程中注意以下几点。

① 端正态度，明确职责分工。

端正态度，明确职责分工是固定资产清查工作的前提。在固定资产清理工作中，铁路部门应成立固定资产清查小组，由主要领导担任清查小组组长，全面指导、监督固定资产清查工作。

固定资产清查小组下设固定资产清查办公室，制订计划和方案，财务部门配合实物管理部门进行实物盘点，进行账实核对，编制盘点表。最后由实物管理部门收集盘盈、盘亏、报废资产的相关证明资料，财务部门进行会计处理，汇总清查数据，编制固定资产清查报表，编制清查工作报告。

② 制定方案，注重质量控制。

一个好的方案是固定资产清查工作的保障，一套清晰完备的清查方案应涵盖整个清查工作业务流程，指引清查工作的每个环节，不仅注重可行性，也注重成本效益和质量控制原则。

③ 细致清查，及时处理结果。

清查工作开展过程中，财务部门和实物管理部门应加强联系与沟通，坚持以物查账、以账查物，运用科学的清查方法，努力做到不遗漏、不重复。清查工作结束后，实物管理部门根据清查工作报告，及时办理盘盈、盘亏以及报废手续，杜绝问题遗留。财务部门根据盘盈、盘亏、报废申请单进行账务处理，盘盈资产计入当期营业外收入，盘亏或报废的资产，减去赔款或残值收入计入当期营业外支出。

④ 注重效益，建立监督考评。

铁路部门应建立清查工作的监督考评机制。铁路部门可以根据成本效益和重要性原则制定一些定性或定量的指标来评定清查工作的完成情况，再根据这些指标来考评各个部门的综合效率和业绩，兑现奖励。通过完善固定资产清查制度，运用科学的清查方法，坚持至少每年一次的固定资产清理工作，及时发现资产管理过程中存在的问题并及时解决，真正实现固定资产账实相符[43]。

（2）推进铁路企业公司制和股份制改造，并继续深化铁路客货运改革。

第一步，积极稳妥地推进铁路企业公司制改革。

全面贯彻党的十八大和十九大精神，坚持社会主义市场经济改革方向，坚持党对国有企业的领导这一重大政治原则，适应市场化、现代化、国际化的新形势，以提高国铁资本效率效益、增强企业活力为中心，积极推进铁路企业进行公司制改革，加快建立健全产权清晰、权责明确、政企分开、管理科学的现代企业制度，形成有效制衡的公司法人治理结构和灵活高效的市场化运营机制。

首先，对中国铁路总公司所属非运输企业的公司制改革，应按照中国铁路总公司制定的指导意见推进，在中国铁路总公司规定的时间内完成改制。

在改制前，中国铁路总公司下属非运输企业共有 17 家，具体包括：中国铁路建设投资公司、中国铁道科学研究院、中国铁路经济规划研究院、中国铁路总公司服务中心、中国铁路信息技术中心、中国铁道出版社、《人民铁道》报社、中国铁路专运中心、中国铁路文工团、中国火车头体育工作队、铁道第三勘察设计院集团有限公司、中铁银通支付有限公司、中国铁路发展基金股份有限公司、中国铁路国际有限公司、中国铁路财产自保有限公司、中国铁路财务有限责任公司、中国铁路网络有限公司。

在 2017 年 11 月 13 日召开的中国铁道科学研究院（以下简称"铁

科院"）、中国铁路网络有限公司（以下简称"网络公司"）、中铁银通支付有限公司（以下简称"银通公司"）干部大会上，中国铁路总公司宣布了对这三家所属企业进行领导班子调整，网络公司、银通公司通过股权调整的方式划归于铁科院管理。在中国铁路总公司原有的组织架构中，铁科院、网络公司、银通公司同属于中国铁路总公司直属的17家非运输企业，三者处于并列地位。中国铁路总公司通过对其领导班子的调整，将网络公司、银通公司通过股权调整的方式划归于铁科院管理，这实际上是中国铁路总公司将三家子企业进行了重组。

其次，是对全国18家铁路局进行公司制改革，也就是对运输主业的改革。2017年年底，18个铁路局已经完成全民所有制向公司制的转变。根据《中国铁路总公司关于全面推进铁路局公司制改革的指导意见》，铁路改革要"坚持运输统一指挥，维护铁路路网完整"，即以铁路一张网为前提，坚持铁路运输统一调度指挥，保持铁路总公司-铁路局-基层单位三级运输管理架构，保证承担的公益性运输、重点运输等社会责任不变，实现铁路运输整体效率和效益最大化。

《中国铁路总公司关于全面推进铁路局公司制改革的指导意见》指出，铁路局改制为总公司出资的有限责任公司。改制后，铁路局不设股东会，由总公司行使出资人职权。设立董事会、监事会和经理层。按规定设立公司党委会，发挥党组织的领导核心和政治核心作用，坚持把方向、管大局、保落实，支持董事会、监事会、经理层依法履行职责。依法建立职工董事制度、职工监事制度，健全以职工代表大会为基本形式的企业民主管理制度。在领导体制上，坚持党的领导，实行"双向进入、交叉任职"的领导体制。符合条件的党委委员通过法定程序进入董事会、监事会和经理层，董事会、监事会和经理层中符合条件的党员依照有关规定和程序进入党委会。公司董事长、总经理原则上分设，党委书记、董事长一般由一人担任，董事长是公司的法定代表人，党员总经理兼任党委副书记。

在决策机制上，铁路局公司法人治理结构建立后，按照新的体制机制运行，充分发挥董事会的决策作用、经理层的经营管理作用，同时将党委会研究讨论作为董事会、经理层决策重大问题的前置程序。需要股东决策的，由总公司按规定程序研究和做出决策，相关决定置备于公司。

铁路局改制完成，有利于强化市场化经营，提高国铁资本效率和效益。根据目前已经公布的部分情况来看，不少铁路局集团经营范围都有所扩张，涉及多个领域，多元经营的势头十分明显。这些改革，将推动国铁从传统运输生产型企业向现代运输经营型企业转型发展，能够真正激发企业活力，充分发挥现有土地等资源的价值，提高运营效率。同时，铁路局改成集团公司，可以有更大的自主权，更有利于引入民营资本，推动铁路投融资体制改革。

最后，是对中国铁路总公司的公司制改革，应该按照政企分开的原则，加快构建公司法人治理结构，建立以公司章程为核心的制度体系，以制度建设带动机制建设，推动形成符合《中华人民共和国公司法》要求的决策机制、运行机制和监督机制。

第二步，推进非运输主业企业股份制改造（特别是铁科院、中国铁路设计集团有限公司两家比较典型的企业）。

① 中国铁路设计集团有限公司（以下简称"中国铁设"）的逐步公众化。

中国铁设初期可由中国铁路总公司绝对控股，待中铁国投（见本书 5.2.5）运作后改由中铁国投绝对控股。

以中国铁路设计集团有限公司（详见专栏 5-1）为例，其更名前为铁道第三勘察设计院集团有限公司（简称"铁三院"）。铁三院是唯一一个原铁道部（今中国铁路总公司）所属（控股），中国中铁参股（股份比例详见表 5-1）的设计院，也是铁路系统里最拔尖的设计公司之一，承揽了许多重大高速铁路、普速铁路、城轨项目规划设计。按照该公司目前良好的发展势头，未来，中国铁路设计集团有限公司可谋求上市，降低中国铁路总公司持股比例。

【专栏 5-1】 中国铁路设计集团公司介绍

中国铁路设计集团有限公司（简称中国铁设，原铁道第三勘察设计院集团有限公司），是中国铁路总公司下属唯一勘察设计企业，成立于 1953 年，资产 69 亿元，是以铁路、城市轨道交通、公路等工程总承包、勘察、设计、咨询、监理、项目管理业务为主的大型企业集团，具有工程设计综合资质甲级证书，是国家发改委认定的铁路、城市轨道交通投资评估咨询机构之一。

经国家有关部门核准，2018 年 4 月 27 日，铁道第三勘察设计院集团有限公司正式对外宣布更名为"中国铁路设计集团有限公司"（中文简称中国铁设，英文简称 CRDC），以便在中国铁路总公司和股东会的领导下更好地拓展业务，放大"中国铁路"品牌效应。

原铁道第三勘察设计院集团有限公司由铁路总公司和中国铁路工程总公司出资组建，是铁路总公司直属管理的国家综合甲级勘察设计企业集团。更名后其隶属关系不变，独立法人的法律地位不变，原公司的经营范围、企业类型、注册资本等不变，原公司的资质、对外签订的各类合同、合作协议及债权债务由更名后的公司继续承接。

公司技术力量雄厚，专业设置齐全，拥有员工 4 600 余人，其中工程技术人员 4 000 余人，获批城市轨道交通数字化建设与测评技术国家工程实验室；建有轨道交通勘察设计国家地方联合工程实验室、院士专家工作站、博士后科研工作站等研发平台。在高速铁路、重载铁路、综合交通枢纽、城市轨道交通、新型轨道交通、磁浮交通等领域具有突出优势，部分技术达到国际先进水平。

近年来，随着国家"一带一路"倡议和铁路"走出去"政策的实施，公司国际业务取得长足发展。先后承担了中国第一条援外铁路——坦赞铁路、尼日利亚铁路、印尼雅万高铁、泰国铁路、匈塞铁路、中老铁路及巴基斯坦拉合尔橙线等项目的勘察设计，承担了老挝 13 号公路巴蒙至乌多姆塞段修复工程总承包、肯尼亚蒙内铁路业主代表、埃塞俄比亚至吉布提铁路业主代表等总承包及项目管理任务。

表 5-1　中国铁路设计集团有限公司股权比例表

股　　东	股权比例	认缴金额/万元
中国铁路总公司	70%	46 200
中国中铁股份有限公司	30%	19 800

② 铁科院的混合所有制与逐步公众化。

铁科院始建于 1950 年，是我国铁路唯一的多学科、多专业的综合性研究机构（详见专栏5-2）。按照国家科技体制改革的总体部署，2000年开始由事业单位转制为企业单位。目前已发展成为集科技创新、技术服务、成果转化、咨询监理、检测认证、人才培养等业务为一体的大型科技型企业。

【专栏5-2】　　中国铁道科学研究院集团有限公司简介

铁科院下设17个单位，包括机车车辆研究所、铁道建筑研究所、通信信号研究所、运输及经济研究所、金属及化学研究所、电子计算技术研究所、节能环保劳卫研究所（铁路节能环保技术中心、铁路卫生技术中心）、标准计量研究所（铁道部产品质量监督检验中心、中铁铁路产品认证中心、国家轨道衡计量站、国家铁路罐车容积计量站）、科学技术信息研究所、基础设施检测研究所（铁道部基础设施检测中心）、铁道科学技术研究发展中心、国家铁道试验中心、铁道技术研修学院（铁路继续教育培训中心）、铁科院（北京）工程咨询有限公司、深圳研究设计院、后勤服务中心、嘉苑饭店。院属全资公司32个、控股公司7个。

铁科院现有职工5 800余人。其中中国工程院院士2人，双聘院士1人；百千万人才工程国家级人选2人，享受国家政府特殊津贴的科技人员193人，现任铁路专业技术带头人22名。

铁科院拥有亚洲唯一的国家环行铁道试验基地，以及国家铁路智能运输系统工程技术研究中心、高速铁路系统试验国家工程实验室、高速铁路轨道技术国家重点实验室、机车和动车组牵引与控制国家重点实验室、国家城市轨道交通装备试验线5个国家级实验室，装备有各类专业实验室40余个，实验装备6 991台（套）。

建院60余年来，铁科院立足铁路运输主战场，围绕铁路建设及运输生产重点领域，开展了大量重大、关键技术攻关与试验研究，取得了3 300多项科研成果，获得825项各类科技成果奖，其中国家级科技奖176项，省、部级科技奖649项，为推动中国铁路科技进步做出了重要贡献。

资料来源：http：//www.rails.cn/index.php?id=110

铁科院作为资产优良的非运输类企业，可先引入其他投资者，实

现股权多元化，然后在适当的时机谋求上市，实现公众化。

③ 中国铁道传媒的整合与逐步公众化。

本书建议人民铁道报社与中国铁道出版社、18 个铁路局集团的铁道报社整合为中国铁路传媒股份有限公司（简称"中铁传媒"），然后从中国铁路总公司全资转变为中国铁路总公司控股，条件成熟时可谋求成为上市公司。将所有铁路传媒进行整合并逐步公众化，一来可以实现中国铁路总公司的"瘦体健身"，提质增效；二来可以提高铁道传媒的运作效率与市场化，符合我国深化国企改革的发展趋势。

各铁路传媒中，由于《人民铁道》报社原属铁道部，因此，除了可以将其整合进中国铁道传媒股份有限公司，还可以将其划给国家铁路局，继续作为行业主管部门的报刊，这是《人民铁道》报社整合的另一途径。

除了上述中国铁设、铁科院等公司，其余的非运输类企业也可视中国铁路总公司需要，进行整合改制，采用控股、参股等形式进行进一步改革，将旗下非运输类企业的管理逐步转变为管资本为主的模式，精简企业机构，做到瘦体健身、提质增效。

第三步，推进三大专业运输公司（中铁集装箱运输有限责任公司、中铁特货运输有限责任公司、中铁快运股份有限公司）股份制改造。

三大专业运输公司从成立之日起，本身就具有与路网分离的特性。在改革准备阶段推进三大专业运输股份制改造，一是为了贯彻学习2018 年中央经济工作会议中关于"加快推动中国铁路总公司股份制改造"的精神，二是为后续推进网运分离做准备。

此时应将三大专业运输公司的股权部分流转为社会资本，大部分仍由国资控股（铁路公益性的货物运输可由三大专业运输公司负责）。为实现三大专业公司与中国铁路总公司和 18 个铁路局集团的分离，本书建议可先由中国铁路总公司旗下中国铁路投资有限公司控股三大专业运输公司[①]，其余股份流转为社会资本，等到中铁国投成立后（详见本书 5.2.5 节），由中铁国投控股三大专业运输公司。

第四步，深化铁路货运改革，推动铁路运输整体改革。

2015 年 6 月，中国铁路总公司做出了"深化铁路货运改革，推动

---

① 目前，中铁特货已实现中国铁路投资有限公司控股。

铁路向现代物流转型发展"的决策，并提出"力争用 3 年左右时间将铁路发展成为世界一流现代物流企业"的目标。中国铁路总公司力求铁路货运改革，将长期以"黑货"（煤炭）为主的铁路货运市场做出结构上的改变，使"白货"的运输数比例逐渐上升。

如今，铁路货运正在不断加快铁路物流基础设施建设，合理规划铁路货物运输的网络布局，进一步完善货物运输组织，充分发挥其便捷、高效、安全、优质的特点，加强与其他交通运输方式的紧密联系与互动，可以说，铁路货运已经步入了深水区，铁路货运改革正向着现代化的物流企业转型迈进。这种发展趋势对激发货运市场潜力，优化整体交通运输组织，降低全社会的交通运输成本，促进市场经济可持续健康发展具有重要意义。2013 年推进的货运改革，成立了一批货运中心，为成立现代化的铁路物流企业打下了基础，并有望承担推动网运关系调整的重要作用。例如，上海铁路局货运改革方案为：成立阜阳、蚌埠、合肥、徐州、南京、杭州、金华、上海 9 个货运中心，装卸公司、上铁物流、各地区铁路发展集团的相关子公司成建制划归货运中心，各站段货运相关专业也划归货运中心[19]。

深化货运组织改革，向现代化物流企业转型，铁路部门还要做好以下四点：一是继续深化改革，打破固有的陈旧思维，完善铁路物流信息化发展，在以网站服务设施的基础上创新，通过以微博、微信、手机 APP 下单等模式，加大信息化铁路物流的影响范围。二是加强与其他物流企业的合作，取长补短，在配送服务上学习其他优秀企业的成功经验，化为己用，打造自己的品牌。三是全面整合铁路现有货运资源，把铁路"全天候、大运量、安全环保、准时正点"的传统优势转变为企业在市场的核心竞争力，使铁路货运得到持续稳定的长足发展。四是畅通服务"最后一千米"。从旅客货主最关心的具体问题抓起，从旅客货主不满意的地方改起，铁路货运要实现与公路运输和海运的无缝对接，形成公路、水路在两端，铁路在中间的多式联运格局，用现代化的立体交通运输格局和优质的服务，消除铁路货运服务"最后一千米"的瓶颈[44]。

第五步，推进铁路客运改革，切实增强铁路服务经济社会发展的保障能力。

2016年以来，中国铁路总公司已经开始在各铁路局开展"铁路客运服务质量年"活动。活动的主要内容包括全面调整优化列车运行图、改善餐饮服务及商品供应、维护良好站车秩序、整治站车卫生环境、完善服务设施、改善服务态度六大方面。这些举措不仅能够提升铁路的软实力和竞争优势，更可以改善旅客的出行环境和出行质量，满足广大老百姓的需求。

2016年的调图是铁路总公司在全国范围内的联动调整，根据不同市场需求做出了不同调整。为服务新型城镇化建设，大量增开地级城市间普速列车，突破以直辖市、省会城市为主要节点的普速列车开行模式，重点安排三、四线城市站点，进一步改善中小城市间的交通条件。同时，还充分考虑区域协调发展，在线路设施相对较差的中西部地区增加跨区域旅客列车100对，方便中西部地区群众出行。

新图运行之后，铁路部门以京沪、京广高铁为主骨架，重新编制了高铁运行图，大量增开动车，全国动车组列车总量达2 100余对，占所有旅客列车六成以上。近年来，随着大规模铁路建设的快速有序推进，铁路运输能力实现大幅度提升，特别是客运组织服务得到不断优化，广大旅客的购票、乘车和进出站等旅行体验大为改善，满意度不断提升。现在，中国铁路总公司又表示将加大站车服务设备设施投入力度，重点改善开水供应、厕所使用、卧具更换、空调效果等广大旅客感受最直接的服务硬件条件。同时鼓励广大旅客对铁路站车销售的商品进行监督举报，对查实的举报问题，铁路部门对举报者还要给予奖励[45]。

为持续深化客运改革，加快走向市场的步伐，更好地服务经济社会发展，铁路部门应继续以实现"安全出行、方便出行、温馨出行"常态化为目标，动态优化客车开行方案，改进售票组织工作，落实基本服务标准，完善各项服务措施，不断提升客运服务质量。通过这一系列改革措施，可以切实增强铁路服务经济社会发展的保障能力，为铁路后续改革打好基础。

关于货运改革与客运改革，其目标是在中国铁路总公司的体制下成立若干货运、客运中心，厘清行车（路网）与货运、客运（运营）的业务与资产边界，为下一步实施运营业务公司化（运营资源整合）创造条件[37]。

5.2.2　运营业务公司化（运营资源整合）

1．阶段目标

运营业务公司化（运营资源整合）阶段是全面深化铁路改革的第二阶段，重点推进以下四项工作：一是做实、做大、做强三大专业运输公司；二是把 2013 年以来成立的一批货运营销中心的一部分职能划给货运部，另一部分划给货运受理服务中心[①]；三是对于货运受理服务中心的一部分，可根据铁路向现代物流转型发展的实际需要，以三大专业运输公司融资购买的形式，将其划转进入三大专业运输公司；四是对于货运受理服务中心的另一部分，则按照现代企业制度整合而成若干类似三大专业运输公司的货运运营公司。以上三大专业运输公司与若干新增的运营公司（简称为"3+N"）构成铁路运营领域的骨干。运营业务公司化（运营资源整合）阶段的实质是在中国铁路总公司的框架下实现初步的、事实上的网运分离[37]。

2．实施路径

运营业务公司化（运营资源整合）阶段的实施路径如图 5-2 所示。

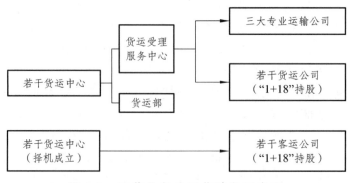

图 5-2　运营业务公司化阶段示意图

---

① 货运受理服务中心的职责包括：货运业务集中受理、大客户维护、装载监控、服务质量监督等。

第一步，做实做强做大"3+N"（中铁集装箱运输有限责任公司、中铁特货运输有限责任公司、中铁快运股份有限公司以及 N 个运营类货运公司）。

做强做大"3"的途径是：积极推进三大专业运输公司的混合所有制改革与现代企业制度建设，完善三大专业运输公司法人治理结构；可以考虑由三大专业运输公司在资本市场上再融资逐步购入 18 个铁路局集团运作的货运受理服务中心，使三大专业公司真正成为全国性网络化的现代物流企业，尽快提升其竞争力。

做实"N"的途径是：改制完成的"1+18"，根据业务需要，按照现代企业制度的要求共同出资举办一些运营公司，它们与三大专业运输公司是竞争关系，通过营造公平的运输市场环境，让竞争带动铁路运输企业更健康、快速地发展。成立一批这样的公司，就是按照市场配置资源的原则逐步实现铁路网运关系抽丝剥茧、水到渠成地调整。

做实做强做大"3+N"，这些公司在铁路改革中具有三大职能：① 运输市场的竞争主体，在运输市场中处于主导地位；② 网运关系优化的推动力量，通过做实做强做大三大专业运输公司，可以实现对网运关系的优化调整，从而为铁路改革助力；③ 资本市场的融资平台，作为资本市场直接融资的载体，可以充分发挥其在资本市场上的直接融资作用，将对我国铁路行业经济的发展起到巨大的促进作用。

第二步，客运业务公司化。

选择合适的时机，逐步将客运中心的核心业务从车站主要职能中分离出来，仍然按照公司制和股份制的思路，由中国铁路总公司及 18 个铁路局以交叉持股的形式，成立若干客运类运营公司。

运营业务公司化阶段（运营资源整合）应在中国铁路总公司统一领导、监督下进行，由各铁路局集团具体实施，从而充分发挥中国铁路总公司作为现行体制的积极作用。

需要特别指出的是，我们之所以强调一部分货运受理服务中心划归三大专业运输公司，另一部分整合成一大批公司，主要是出于未来发展的需要，特别是资本市场融资的需要：

（1）这些运营公司迟早要全部成为上市公司，它们要经常性地停牌从而面向社会开展募资活动，并且根据相关监管规定，相邻两次募集资金应间隔较长时间（18个月）方可进行，数量太少不便该类募资活动开展。

（2）中国铁路运营资产规模极其巨大，考虑到单个资本市场承受能力有限，铁路运营类资产 IPO 应面向包括中国 A 股在内的全球资本市场，运营公司具有一定数量将有利于此项工作的开展。

综上所述，运营业务公司化（运营资源整合）阶段的主要任务是做大做强做实三大专业运输公司并成立若干专业运输公司，货运、客运两类公司均为中国铁路总公司以及各铁路局集团公司全资的有限责任公司，在中国铁路总公司与 18 个铁路局集团公司的框架下实现事实上的初步运营分离，以便在后续实现混合所有制，成为上市公司并直接获得资本市场融资，从而便于采用市场手段而非行政手段推进铁路改革[46]。

5.2.3 网运分离

1．阶段目标

该阶段的主要目标是将运营（主要是"3+N"个运营公司）从路网（主要是"1+18"）中逐步分离出来。将第二阶段中国铁路总公司及 18 个铁路局集团孵化出的一大批运营公司推向市场，除部分需兜底公益性运输的客货运营公司外，其余全部流转为社会资本控股或参股的股份有限公司（若具备条件可上市），并允许各类社会资本举办铁路运营公司，铁路运营作为"竞争性业务"彻底面向市场开放，实现较为彻底的网运分离[37]。此时，兜底公益性运输的运营公司应实现国资控股的混合所有制改革，并从中国铁路总公司控股划转为中国铁投（或中铁国投）控股（也可以在第五步铁路国有资产管理体制改革中实现），18 个铁路局集团不再继续参股。

2．实施路径

网运分离的实施路径如图 5-3 所示。

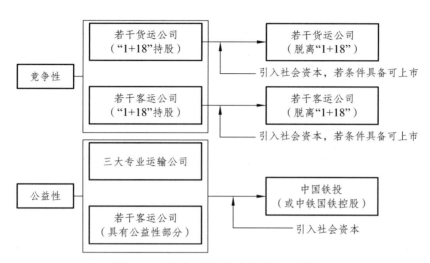

图 5-3　铁路网运分离阶段示意图

（1）铁路运营类业务属于充分竞争性业务（铁路军事运输和部分公益性运输除外），应彻底面向市场开放。在这一阶段的网运分离中，将已成立的各运营公司逐渐推向市场的同时，众多规模较小的社会资本也具有参与铁路运营的可能，因而将产生众多的运营公司，且都具有独立的法人资格与承运人资格，使其在不同层面参与铁路运营并以加强竞争为首要目标。在实现上述股权流转之后，若条件具备，应立法禁止中国铁路总公司及 18 个铁路集团公司直接面向货主或旅客从事客、货运业务，强制中国铁路总公司及各铁路局彻底退出运营类公司，其目的在于为各类社会资本参与运营类公司创造公平环境。

（2）为保证铁路军事运输和其他公益性运输，在货物运输领域应保持国资对三大专业运输公司的控股权，在旅客运输方面也应采用国资控股的方式保留部分运营公司负责公益性运输。为实现运营公司与"1+18"的分离，此时国资控股部分可由中国铁路总公司划转给旗下中国铁路投资有限公司，以便后期由中铁国投控股。

（3）铁路运营公司的股权多元化改革应以混合所有制的股份制公司为最终实现形式，这是贯彻十八届三中全会关于国有企业改革、建立现代企业制度精神的必然要求，是"混合所有制"这一重大理论创新在铁路领域的探索与实践。

（4）如果能在全国范围内形成约 300 家的运营类上市公司，并且中国铁路总公司及 18 个铁路集团公司能够通过资本市场流转所持股份，那么按照我国上市公司 150 亿元的平均市值规模水平（2011 年度为 171 亿元、2012 年度为 129 亿元），以上股权流转可实现约 4.5 万亿元的收益，基本能够覆盖 2016 年 3 月铁路 4.14 万亿元的负债规模[①]。

（5）这一阶段仍要充分发挥中国铁路总公司和铁路集团公司作为现有体制的作用，调动其参与改革的积极性，以运营公司产权流转来实现铁路混合所有制，并为解决铁路中长期债务提供一种潜在的可靠途径。

3．网运分离的职能划分

如何划分网运分离模式下路网公司和运营公司的职能，对铁路网运分离能否取得成效具有十分重要的影响。路网公司具有统一而庞大的路网资源，因而在市场中必然处于强势地位。因此，路网公司能否以某种形式参与运营，对提高铁路运营效率和强化铁路行业竞争机制尤为关键。

必须严格禁止路网公司以任何形式获得铁路客、货运营资格。路网公司的经营性只能由出售列车运行线的收入来体现（其公益性由政府的财政补贴来实现），而不能以任何形式（包括参股或控股运营公司）从事客运、货运来获得，即路网公司的客户只能是铁路客运公司或货运公司，而不能是旅客或货主。

否则，庞大的路网公司在利益驱使下会衍生出众多的有直接共同利益的运营公司，使其在铁路运输网络上既是"裁判员"又是"运动员"。显然，这些由路网公司参股或控股的运营公司，因其与路网公司有更多直接的共同利益，更容易获得潜在的运营优先权，使其他不具备这种关系的运营公司（尤其是其他较小的运营公司）处于不利的竞争地位。也就是说，允许路网公司以某种形式获得铁路客、货运营资格将不利于营造公平竞争的市场环境。

因此，在进行铁路改革的顶层设计时，务必严格禁止路网公司以任何形式获得旅客和货物承运人资质，迫使它能且仅能服务于运营公

---

① 本章节写成于 2016 年 4 月，故采用 2016 年 3 月份数据。

司，这样才能体现出路网公司的价值。只有在这种条件下，路网公司才能更加专心地为所有客、货运营公司创造公平、合理的竞争环境。能否严格禁止路网公司以任何形式获得客、货运营资格是铁路网运分离能否实现并取得成效的关键[19]。

5.2.4 路网整合（路网资源整合）

1．阶段目标

在第三阶段实现网运分离之后，由中国铁路总公司实施全国路网整合，以期在条件成熟时成立由路网资产组成的中国铁路路网（集团）有限公司（简称"中铁路网"）。

2．实施路径

本研究建议，路网资源整合主要内容包括两项任务：① 铁路局集团层面推进综合段成立；② 铁路总公司层面推进 18 个铁路局集团整合。路网资源整合阶段的实施路径如图 5-4 所示。

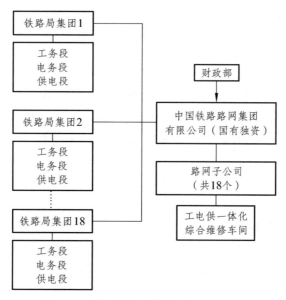

图 5-4　铁路路网整合阶段示意图

（1）整合业务站段成立综合段。

将工务、电务、供电合并为工电综合段，推进实施工务、电务、供电、通信多工种管理综合化、维修一体化和大修专业化，建立与铁路发展相适应的劳动组织和生产管理模式。

虽然中国铁路总公司目前已经在全路推行业务站段整合工作，但本书认为整合站段宜安排在"网运分离"之后进行。本丛书提出的铁路网运关系调整具有"路网宜统、运营宜分、统分结合、网运分离"的特点。其中"路网宜统""统分结合"中的"统"，一方面是指整合业务站段，另一方面是指把 1 个中国铁路总公司和 18 个铁路局集团"统"成一个路网公司，实现"全国一张网"。表面上看，"站段整合"工作放在铁路改革任意阶段进行都可以，实则不然。

在改革准备工作尚未到位、运营资源尚未整合的情况下，现阶段整合工务、电务、供电等业务站段存在以下弊端：

① 合并工务、电务、供电等业务站段属于铁路内部极为深入的改革事项，虽然难度较大，但是改革的显示度不高，容易给公众或媒体带来"铁路没改革"或"铁路推进改革不力"的错觉。

② 在铁路改革路径设计中，笔者始终强调坚持"稳中求进"工作总基调，要以"路网之不变"应"运营之万变"。现阶段整合工务、电务、供电等业务站段，如果整合过程中出现差错，可能对路网安全基础有所触动，而一旦出现类似"4.28"① 那样的特大事故，那么极有可能导致整个铁路改革进程夭折（20 世纪 80 年代初数起铁路交通事故是当时铁路改革夭折的重要原因之一）。

③ 要充分考虑到国家铁路系统对变革的承受能力，不能要求所有的改革目标在同一时间内达成，也不能要求所有的改革措施在同一时间全部推进。因此，根据改革目标的轻重缓急，本书认为业务站段整合应在网运分离后实施。

④ 在运营资源整合并实现网运分离之后再推进站段整合，可在后

---

① 2008 年 4 月 28 日，因调度命令混乱，北京开往青岛的 T195 次旅客列车运行至山东境内胶济铁路周村至王村间脱线，此时，正常运行的烟台至徐州的 5034 次旅客列车刹车不及，最终以 70 km/h 的速度与脱轨车辆发生撞击。胶济铁路列车相撞事故造成 72 人死亡，416 人受伤。

期利用铁路发展处理改革导致的人员安置问题。如果将业务站段整合这一工作稍往后安排，则可充分利用我国新建铁路的用人需求，安置因改革调整闲置的干部职工。如此，既稳步消除了改革带来的人员稳定风险，又使广大铁路职工在改革中受益。

⑤　当前整个运输市场特别是货运与物流市场，提升铁路市场份额仍有很大空间，但铁路局集团尚不具备全国性、网络化物流供应商的特点，做大做强三大专业运输公司的需求十分迫切。铁路改革应首先集中精力整合运营资源，尽快形成全国性、网络化的运营公司，让"3+N"尽快发挥新机制的作用①，尽快提升铁路客货运市场份额，尽快实现铁路货运增量上量，为铁路运输收入增加创造有利条件，为进一步推进后续改革提供良好的舆论氛围。

（2）逐步将"1+18"整合为一个路网集团公司。

对全国路网进行整合，将中国铁路总公司以及剥离了客、货运公司的 18 个铁路局整合为一个统一的路网公司。

现有各铁路局集团公司继续保留并成为中铁路网的子公司；现各铁路局集团的调度所可作为路网公司的数个区域调度中心（或派出机构），整合后的路网公司将减少或消除目前各铁路局集团之间基于自身利益的相互纠缠，有利于在保证安全、正点的前提下，达到提高效率的首要目标。

进一步，若认为有必要，可将各铁路局集团的调度所整合为中铁路网公司的调度子公司，其职能与特点和民航空中交通管理局有类似之处，详见表 5-2。

表 5-2　中铁路网公司（调度子公司）与民航空中交通管理局类比列表

公司名称	服务对象	服务内容	基础设施特点
民航空中交通管理局	各航空公司	空域管理 空中交通流量管理 空中交通服务	导航、监控、通信等设施设备投资巨大，不适合竞争性经营
中铁路网公司	各运输公司	路网行车组织管理 路网行车服务	铁路线路、信号、通信等设施设备投资巨大，不适合竞争性经营

①（1）主要是指运输市场的竞争主体；
　（2）网运关系优化的推动力量；
　（3）资本市场的融资平台。

至于整合后的路网公司形式，是选择国有独资公司还是发展混合所有制公司，这是一个值得思考的问题。

① 如果强调路网领域提供公共产品、承担社会责任、维护国家安全等属性，且路网领域长期以国有独资的形式建设发展，形成了庞大的国有资产，在进行混合所有制改革时把控不当可能出现国有资产流失，那么路网企业可以继续保持国有独资的企业形式①。

② 但在路网领域发展国有控股的混合所有制，在保持国家控制力的同时，具有重要的改革优势，至少可归结为以下两点：一是促进现代企业制度的建立，增强企业活力；二是放大国有资本控制力，增强企业抗风险能力。对于整合后的路网，只需保持"50%+X"的股权确保国家对铁路的控制，其他"50% – X"的股权中的相当一部分甚至全部可以通过流转予以盘活。实现混合所有制，既可以解决中长期债务，还可以募集资金来建设路网[47]。

中铁路网（集团）股份有限公司与车务、机车、工务、电务、车辆、供电、信息等各专业之间的关系有多种方案可供选择：一是有产权联系的事业部制、子公司制、分公司制等；二是相互平等的平行公司的形式。未来究竟采用何种形式，将在充分考虑国家意志的前提下由其股东决定。

值得强调的是，由于要形成全国性的路网公司，建议此项改革由党中央、国务院发布关于全面深化铁路改革的指导性意见之后，由交通运输部（国家铁路局）、国家发展改革委、财政部等政府部门宏观指导，中国铁路总公司统一领导，各铁路局集团、三大专业运输公司具体参与。

3．路网整合的必要性

（1）路网整合有利于保证铁路运输安全

统一的铁路路网在保证运输安全方面具有基础性作用。我国地域辽阔，跨区域开行列车的情况十分普遍，因此需要统一的技术标准以

---

① 如果除了国资出资人（国资委、财政部或中铁国投）出资，还有多家国有企业出资，则既可以是有限责任公司，也可以是股份有限公司。

保证铁路运输安全。我国业已形成由既有铁路、重载铁路、高原铁路及高速铁路技术标准体系组成的铁路技术标准体系。但是，如果路网分割为多个区域性公司，虽然技术设备标准可由国家铁路局统一制定，但是行车组织标准却由各区域公司分别制定，极有可能导致行车技术条件相同而各区域性公司的行车组织办法各不相同，这种情况对跨区域开行列车具有极大风险；而在通过路网整合实现路网统一的条件下，机车车辆、工务工程、通信信号、运输组织等方面均由路网公司按照有关技术标准统一协调，可以提高铁路各项技术标准体系的整体性，从而保证铁路运输安全[47]。

（2）路网整合有利于提高铁路运输效率

目前，我国铁路采用的是中国铁路总公司、铁路局、站段的三层管理体制，各个区域性铁路局在中国铁路总公司的统一管理下负责本铁路局管辖范围内的经营管理与日常调度指挥。在这种管理体制下，各个铁路局之间存在约 90 个局间分界口。数量众多的分界口破坏了铁路网的整体性，极大地损害了整个路网的运输效率。中国铁路总公司根据每日 18：00 现在车数量对所辖各铁路局进行严格考核，并征收货运车辆使用费（如 2013 年该费用标准为 105 元/现在车辆日）。以上清算机制对提高货车周转效率具有积极意义，但同时也造成各铁路局在每日 18：00 之前消极接入相邻铁路局的列车，客观上造成了每日 18：00 之前大量货运车辆拥堵在众多的分界口附近，其结果必定造成资源的巨大浪费，影响干线畅通，降低运输效率。通过调研发现，2013 年前后各铁路局在每日 18：00 之前拥堵在各个分界口的货运车辆仍然达到 3 万～5 万辆，几乎占到当时全国铁路每日运用车保有量的 8%。可见"分界口"已经成为限制铁路畅通的重要因素之一。

减少分界口对提高路网运输效率具有重要意义。2005 年 5 月我国撤销所有铁路分局，在货物平均运距基本保持不变的情况下，货车周转时间明显缩短。可见，减少分界口数量使 18：00 现在车统计对铁路畅通的影响大大减小，从而提升了路网的整体性，对提高铁路运输效率具有明显的推进作用。因此，进一步减少局间分界口数量而获得更多的路网统一性，对提高整个路网运输效率具有重要意义。

我国疆域辽阔，跨区域、长距离的客货运输需求较多。只有保持铁路路网的统一和完整，这些运输才能更高效地进行。根据我国国情与路情，我国铁路路网虽然规模庞大、线网复杂，但却具有密度小、承载能力低、布局不平衡的特点。这些特点决定了不宜对其进行分拆，否则容易破坏其整体性，降低整体效能。同时，路网具有明显的网络经济性，即路网规模的扩大，将提升铁路运作的空间，这将有利于铁路更好地调节各线路的负荷，提高整个网络的能力利用程度和利用效率，也提高了消费者实现运输服务消费的稳定性和灵活性[47]。

（3）路网整合有利于确保公平竞争

路网和众多配套设施作为铁路行业的基础设施，应由一个规模庞大、实力雄厚的国有企业集中统一规划、建设与管理。通过路网整合实现路网统一，能够更好地发挥铁路行业各类基础设施服务于全社会的功能，从而为公平竞争奠定基础。

铁路作为国家重要的基础设施，只有通过成立一个全国统一的路网公司才能为各类社会资本（包含国资、民资）举办的各类运营企业营造公平的竞争环境。路网公司将负责铁路路网等基础设施的建设、维护等，为所有参与市场竞争的运营主体提供基于路网的无差别服务，这是维护市场公平竞争的首要条件，有利于充分发挥路网运输能力，减少行业内的利益冲突，吸引社会投资，充分发挥其基础设施的服务职能，进而才能在整个行业内形成良好的竞争生态，促进行业内部资源优化[47]。

（4）路网整合有利于维护国家安全

我国铁路作为运输大动脉，不仅发挥着不可替代的稳边富边、抢险救灾等作用，而且也是军事运输的重要手段，对保障部队建设、作战、演习和训练具有重大作用。近年来，我国大批高速铁路相继开通运营，新疆、西藏及西南边陲也修建了大量的铁路线，这对保障国防建设、捍卫国家安全起到了不可替代的作用，为人民解放军在战时履行保卫国家安全提供了更加有效的战略支撑。

如果我国铁路经营管理体制改革采纳区域分割方案，那么各区域铁路公司出于自身利益可能会针对路网基础设施或运营活动制造出新的运输壁垒，轻则加剧铁路内部的矛盾，重则造成路网基础设施的破坏和运输活动的混乱，威胁到国家安全。

因此，充分结合我国国情与路情，建立我国铁路路网及基础设施的统一管理机制，通过路网整合实现路网统一，不仅能够保证运输的安全与高效，有效避免其自然垄断性对运输业务的制约作用，实现在自然垄断产业服务市场上产生激烈的竞争，而且有利于保持国家对铁路的控制权，符合铁路在我国国民经济生活与国防安全中发挥战略性地位的特征[47]。

5.2.5　铁路国有资产管理体制改革

1．阶段目标

在第四阶段进行路网整合后，在铁路领域成立国有资本投资、运营公司，完善铁路资产监管，提高资源配置效率，充分发挥投资运营公司的作用，推动铁路改革。

2．主要依据

十八届三中全会明确指出：要"完善国有资产管理体制，以管资本为主加强国有资产监管，改革国有资本授权经营体制，组建若干国有资本运营公司，支持有条件的国有企业改组为国有资本投资公司"。文件同时也说明了改组和组建铁路国有资本投资运营公司的主要目的：一是"以管资本为主"完善国资监管方式；二是加快国有经济布局结构调整，避免重复建设、恶性竞争，切实提高资源配置效率；三是重塑有效的企业运营架构，促进国有企业进一步转换机制。

3．基本理论

国有资本投资运营公司是国家授权经营国有资本的公司制企业。公司的经营模式是以投资融资和项目建设为主，通过投资实业拥有股权，通过资产经营和管理实现国有资本保值增值，履行出资人监管职责。

国有资本投资运营公司可以进一步细分为国有资本投资公司和国有资本运营公司。运营公司主要运营资本，不投资实业，营运的对象是持有的国有资本（股本），包括国有企业的产权和公司制企业中的国有股权，运作主要在资本市场，既可以在资本市场融资（发股票），又可通过股权产权买卖来改善国有资本的分布结构和质量。公司运营强调资金的周转循环、追求资本在运动中增值，运作的形式多种多样，通过资本的运营，实现国有资本保值增值。投资公司以产业资本投资为主，主要是投资实业，以投资融资和项目建设为主。投资实业拥有股权，对持有资产进行经营和管理。

国有资本运营公司侧重改善国有资本的分布结构和质量效益，强调资金的周转循环，追求资本在运动中增值。通过国有资本的运营，重塑科学合理的行业结构与企业运营架构，提高资源配置效率。而国有资本投资公司着力培育产业竞争力，重点是要解决国民经济的布局结构调整。通过资本投资而不是行政权力保持对某些企业和产业的控制力，实现政府的特定目标。

国有资本运营公司的经营方式包括兼并或分立，成立合资公司、公司制改建、培育上市公司、产权转让置换等。国有资本运营公司是纯粹控股企业，不从事具体的产品经营，主要开展股权运营，行使股权管理权利，在资本市场通过资本运作有效组合配置国有资本。而国有资本投资公司通过投资事业拥有股权，对持有资产进行经营和管理。国有资本投资公司通过产业资本与金融资本的融合，提高国有资本的流动性，开展资本运作，进行企业重组、兼并与收购等。

国有资本运营公司侧重于发挥市场机制的作用，推动国有资本实现形式由实物形态的"企业"，转变为价值形态的资本，包括证券化的资本，促进国有资本在资本市场上的流动，使国有经济布局和功能可以灵活调整，利用市场的力量让资本流动到最能发挥作用的地方，使国有资本发挥更有效的作用。国有资本运营公司意在降低市场中的交易费用，担负着健全国有资本市场体系的职责。国有资本运营公司要将国家所有实物形态的国有资产转换成可以用财务指标清晰界定、计量并具有良好流动性、可进入市场运作的国有资本，从而使"半政府工具，半市场主体"状态的国有企业，成为平等的市场竞争的参与者。

国有资本投资公司侧重于市场失灵或市场残缺的纠正和弥补。对于信息不对称和自然垄断的领域，对市场无力或不愿意投资但对国民经济又特别重要的领域，以及关系国家安全和国民经济命脉的领域，国有资本的投入都将发挥重要的作用。国有资本投资公司意在实施国家对经济的引导，实现政府特殊的公共目标，如促进区域协调发展等。国有资本投资公司为了实现政策性目标进行产业类投资，通过资本投资而不是行政权力保持国有经济的控制力和影响力。

4．实施路径

铁路国有资产管理体制改革路径如图 5-5 所示。

在对路网进行整合，成立中国铁路路网股份有限责任公司之后，以中国铁路总公司旗下中国铁路投资有限责任公司（简称"中国铁投"）为基础成立中国铁路国有资本投资运营公司（简称"中铁国投"），并将其划归财政部（或国资委），将中铁路网、中国中车、中国通号、中国中铁、中国铁建等铁路行业央企的股权由国家授权给中铁国投管理，同时中铁国投可引入其他行业央企以及地方国资增资入股。

（1）资本领域：以中国铁投为基础成立中铁国投，由中国铁路总公司管理提升为财政部管理；可引入其他央企、国家级基金、地方国资（如各省级铁投公司）等进入。

（2）路网领域：将中铁路网由财政部履行出资人职责调整为由中铁国投履行出资人职责。

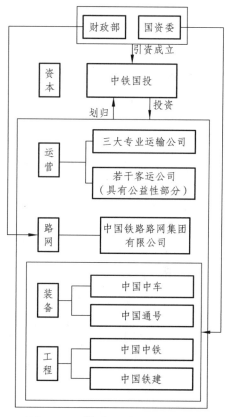

图 5-5　铁路国有资产管理体制改革示意图

（3）运营领域：三大专业运输公司出资人由中国铁路总公司调整为中铁国投，其他运营公司中的国有资本（如果有）也划归中铁国投。

（4）工程领域：将中国铁建、中国中铁以及其他工程类公司中的国有资本（如果有）划归中铁国投。

（5）装备领域：将中国中车、中国通号以及其他装备类公司中的国有资本（如果有）划归中铁国投[①]。

中国铁路国有资本投资运营公司以资本为对象，开展投资运营，需要建立完善的现代企业制度，健全协调运转、有效制衡的公司法人治理结构。适应资本运营需要，全面加强风险控制及相应的公司内部管理机制，准确执行和体现出资人意志。

5．中铁国投成立时机分析

（1）备选方案

① 方案一：放在"六步走"的第二步。

全面深化铁路改革"六步走"建议中的第一步是改革准备阶段，即深化货运改革，推进铁路客运改革，开展铁路资产清查工作以及对 18 个铁路局、三大专业运输公司、中国铁路总公司及其下属 17 个非运输主业单位进行公司制改革。经过了清产核资、企业改制这些准备工作后，铁路管理层可全面掌握各路局资产管理使用状况，铁路企业也可加快建立产权清晰、权责明确、政企分开、管理科学的现代企业制度，形成有效制衡的公司法人治理结构和灵活高效的市场化运营机制。

在此之后成立或组建中国铁路国有资本投资运营公司，即将成立或组建中铁国投放在"六步走"的第二步，如图 5-6 所示。

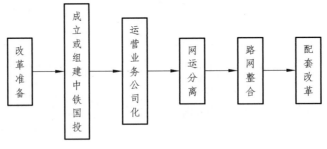

图 5-6　方案一改革步骤

---

① 铁路工程和装备领域的企业在 2000 年铁路主辅分离改革中与原铁道部分离，整体移交中央企业工委管理，后划归国资委管理（2003 年），本书建议的划转为中铁国投管理可理解为类似的操作模式。

方案一的优势在于，可借助它来实现国家对铁路国有资本的管理与控制，并以市场为导向制订铁路不同领域的投资计划，同时通过其市场化运作来进一步推动完成铁路货运改革，深化客运改革。但其不足之处在于，它的部分职能将与中国铁路总公司相冲突，无法厘清中国铁路总公司与中铁国投的职能边界。这一矛盾若处理不当，将会在全面深化铁路改革的初期带来不利影响。

中铁国投成立或组建的时机必须选择恰当，处理好与中国铁路总公司的关系是促使全面深化铁路改革顺利进行的关键，若二者关系处理不当，则可能会延缓铁路改革的总体进程。

② 方案二：放在"六步走"的第三步。

"六步走"建议的第二步是运营业务公司化，包括货运业务公司化、客运业务公司化，做大做强做实"3+N"（中铁特货运输有限责任公司、中铁快运股份有限公司、中铁集装箱运输有限责任公司和 N 个运营类公司）。

若在"六步走"建议的第二步之后成立或组建中铁国投，如图 5-7 所示，其优势在于，此时铁路货运业务公司化、客运业务公司化已取得一定成效，且正在逐步做大做强三大专业运输公司、做实 N 个运营类公司。届时，不仅能通过中铁国投来实现对三大专业运输公司的增资扩股，使三大专业运输公司尽快提升竞争力，还可接力全面深化铁路改革，助力铁路改革的后续进程。但其不足之处在于，由于铁路尚未网运分离，中国铁路总公司与 18 个铁路局集团的网运边界尚未清晰界定，整个铁路改革仍在中国铁路总公司体制框架下进行，而铁路改革仍需在中国铁路总公司体制机制下进一步深入进行，此时成立或组建中铁国投可能会对铁路改革的整体性和连贯性造成一定影响。

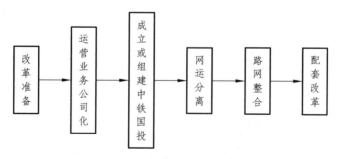

图 5-7　方案二改革步骤

铁路改革是大事，必须选准时机，充分发挥中铁国投应有作用的同时，也要考虑中铁国投与中国铁路总公司二者之间的关系，确保实现与履行中铁国投成立或组建的意义与使命。

③ 方案三：放在"六步走"的第四步。

"六步走"建议的第三步是适时拆分中国铁路总公司，实现网运分离。由于铁路货运改革和客运改革做实的一批货运公司和客运公司仍处于中国铁路总公司的体制之下，网运分离后，这一大批运营类公司全部被推向市场并流转为社会资本控股或参股的股份有限公司，各类社会资本均可举办铁路运营公司，三大专业运输公司也被分离出来，除铁路军事运输外，铁路运营作为"竞争性业务"彻底面向市场开放。

若在"六步走"建议的第三步之后成立或组建中铁国投，如图 5-8 所示，其优势在于，由于运营业务从中国铁路总公司及 18 个铁路局集团剥离，因而中国铁路总公司及 18 个铁路局集团不适宜继续长期持有"3+N"的股权，被分离出来的"3+N"的股权可划转中铁国投，并由中铁国投履行出资人职责，同时择机将铁路债务全部划转至中铁国投，中铁国投的出现可避免因铁路运营业务分离后中国铁路总公司及 18 个铁路局集团无法继续长期持有"3+N"股权的局面，其成立的必要性逐步凸显出来。但其不足之处在于，中铁国投一旦成立，必然会在包括铁路路网在内的铁路相关领域有针对性地制订一系列投资计划，对铁路国有资本进行管理与控制，然而铁路网运刚刚分离，一方面，路网尚未整合，中铁国投在铁路路网领域无法充分制订相应的投资策略与计划；另一方面，路网整合尚需在中国铁路总公司体制下完成，若此时成立或组建中铁国投，中铁国投与中国铁路总公司之间的关系难以厘清，可能会对铁路改革的整体性和连续性造成一定影响。

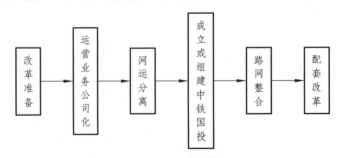

图 5-8　方案三改革步骤

④ 方案四：放在"六步走"的第五步。

"六步走"建议的第四步是路网整合，即以中国铁路总公司及 18 个铁路局集团为主要股东，成立中国铁路路网（集团）股份有限公司（简称中铁路网），实施全国路网整合，并在条件成熟时实现中铁路网的整体上市。

若在"六步走"建议的第五步成立或组建中铁国投，如图 5-9 所示，其优势在于，经过改革准备阶段、运营业务公司化、网运分离、路网整合后，在中国铁路总公司体制机制下的改革已基本完成，改革进行到这一阶段，充分发挥了中国铁路总公司的体制优势，确保了以网运关系调整问题为主线设计的改革路径的完整顺利展开，中铁国投可继续接手"3+N"股权，持有中铁路网股权，并助其完成上市计划，同时还能将铁路改革前几个阶段遗留的改革任务继续完成，并为铁路后续配套改革出力。但其不足之处在于，中铁国投缺席了铁路改革的前四个阶段，未能为铁路改革的前四个阶段出力，中铁国投的作用没有得以充分发挥。

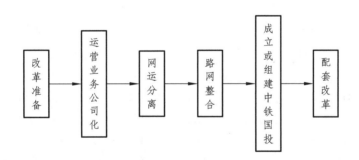

图 5-9　方案四改革步骤

⑤ 方案五：放在"六步走"的第六步。

原"六步走"建议中的最后一步是配套改革阶段，在此方案中，中铁国投的成立或组建放在了"六步走"的最后一步，如图 5-10 所示。此方案中，中铁国投的成立或组建接近全面深化铁路改革的尾声，缺席了太多的改革进程，因此，针对此种方案，此处不予讨论。

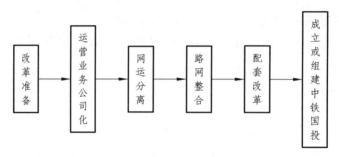

图 5-10　方案五改革步骤

（2）推荐方案

综合上述五大方案比较分析，本书的观点是将中铁国投的正式成立或组建安排在"六步走"建议的第五步，有助于充分发挥中铁国投的作用并厘清其与中国铁路总公司的关系。但该方案不足之处在于，中铁国投缺席了铁路改革的前四个阶段，未能为铁路改革的前四个阶段出力。

为解决该问题，本书建议，在全面深化铁路改革初期尚不完全具备成立或组建中铁国投的条件，可考虑先由中国铁路总公司及 18 个铁路局集团来直接承担中铁国投职能（第一阶段），或其职能由中国铁路总公司下属中国铁路投资有限公司承担，而所需资金暂由中国铁路总公司及 18 个铁路局集团筹集（第二阶段）。当条件具备时，以中国铁投为基础成立中国铁路国有资本投资运营公司（"中铁国投"），并划归财政部或国资委，同时将中国路网、中国中车、中国通号、中国中铁、中国铁建等铁路行业央企的股权由国家授权给中铁国投管理（第三阶段）。为便于阐述，后文将上述三个阶段承担铁路国有资本运作平台职能的公司均不加区分地称为"中铁国投"。

如此一来，中铁国投在不同铁路改革阶段发挥如下作用：① 在运营业务公司化阶段，由中铁国投（或中国铁路总公司）来实现对中铁集、中铁特货、中铁快运的增资扩股，并逐步向三大专业运输公司注入货运资产，做大做强三大专业运输公司，提升三大专业运输公司的竞争力，并根据实际情况，"做实"N 个专业运输公司；② 在网运分离阶段，由中铁国投（或中国铁路总公司）接手"3+N"股权，履行出资人职责，并承担全部铁路债务；③ 在路网整合阶段，由中铁国投

（或中国铁路总公司）持有中铁路网股权，实现国家对铁路路网的绝对控制；④ 正式成立或组建中铁国投后，在配套改革阶段，中铁国投全力配合全面深化铁路改革的其他进程，不断赋予和履行新的使命与职责，在全面深化铁路改革过程中不断发挥新的作用。

在中铁国投组建和发展的过程中，应当尤其注意目前中国铁路总公司下属的中国铁路投资有限责任公司与中铁国投之间的关系。本书认为，中国铁路投资有限责任公司可以看作是中铁国投的前身，在中铁国投成立条件未成熟时，代替中铁国投行使相关职能。例如中铁国投的使命之一，是采取市场化的改革措施和管理手段，以铁路产业资本投资和股权运营为主，着力提高铁路领域企业竞争力，中国铁路投资有限责任公司已经在行使该职能（详见专栏 5-3）。在当前的改革发展情况下，可以以中国铁路投资有限责任公司为基础，逐步吸纳各类资本，壮大其资本实力，将其逐步演变为中铁国投。

【专栏 5-3】 国铁保利设计院揭牌成立

2018 年 5 月 30 日，国铁保利设计院有限公司出资协议签约暨揭牌仪式在北京举行。国铁保利设计院是中国铁路投资有限公司与保利房地产（集团）股份有限公司强强联合，充分发挥双方各自优势，满足国家经济建设发展需要，共同出资成立的。

国铁保利设计院致力于推进新型城镇化建设，特别是产业新城、工业园区、物流园区等策划研究、规划设计，开展铁路及轨道交通土地综合开发的前期策划、开发方案研究等经营活动。将按照"市场化、专业化、国际化"思路，为铁路及轨道交通土地综合开发提供专业的前期策划和方案研究等咨询服务，并为铁路企业和社会合作伙伴提供土地开发项目管理服务，同时参与土地合资合作开发等工作，逐步形成土地综合开发全过程咨询顾问服务能力。

国铁保利设计院的成立是中国铁路投资有限公司深入贯彻落实国发〔2013〕33 号、国办发〔2014〕37 号文件精神和铁路总公司战略决策部署，大力推动铁路土地集约开发，盘活铁路土地资源，推进铁路建设与新型城镇化建设相结合，实现铁路高质量发展的重要举措，也预示着为铁路土地开发增添了一支重要力量。公司将更好地为铁路企业和社会合作企业发展提供全方位的智库服务，在"交通强国、铁路先行"伟大实践中展示新作为！

来源：中国铁路投资有限公司

中铁国投的成立或组建是全面深化铁路改革中至关重要的一步，而中铁国投的成立或组建究竟应该放在全面深化铁路改革的哪一步，需要结合具体改革环境来考虑。无论如何，中铁国投正式成立或组建的时机必须瞄准，中铁国投与中国铁路总公司、18 个铁路局集团、三大专业运输公司、17 个非运输主业单位等之间的关系也必须处理好，只有这样，全面深化铁路改革才能完整而顺利地进行并取得重要成效。

5.2.6　配套改革

1．阶段目标

在第五阶段成立投资运营公司之后，继续进行一系列配套改革，通过推进铁路运价机制改革、健全多元化铁路投融资体制机制、完善公益性铁路提供机制、完善铁路行业管理和监管体制等，全面激发铁路发展活力、增强行业竞争力和持续发展能力，使铁路企业真正成为市场主体，形成统一开放、公平公正、有效竞争的铁路运输市场。

2．实施路径

（1）形成市场化铁路运价机制

价格是经济主体在市场运行中调节供求关系、合理配置资源、获取正常经济收益、参与竞争的重要机制。市场主体的多元化、运输需求多元化以及不同运输方式之间的竞争日趋增强等因素，使得建立以市场定价为主、国家宏观调控为辅的铁路运价形成机制成为必然。铁路企业依据运输市场的需求自主定价，以适应不同的市场需求。铁路普通客运方面，采取上限运价制，在设置价格上限的前提下，铁路客运企业根据供需进行调整。高铁客运价格完全放开。铁路货运运价，除军事战略物资由国家统一定价外，其他各类物资运价完全放开。

（2）健全多元化铁路投融资体制

明确界定政府在铁路发展中的财政支持范围，重点支持公益性较强的铁路运输基础设施建设、维护和运输服务。按照综合交通运输体系建设要求，统筹规划车辆购置税、燃油税、铁路建设基金、民航发展基金、港口建设费等专项税费的使用，发挥其在促进铁路运输发展和改革中的作用。拓宽融资渠道，运用 PPP 模式，实现投资主体多元化。加强激励机制设计，形成公平规范的公私合作机制。建立铁路运输基础设施项目财务风险评估、预警和控制机制，防范政府投资或政府担保投资项目的债务风险。现有铁路债务问题可以通过各级财政、社会资本、引入战略投资者、特许经营、上市、资产证券化等组合方案来解决。

（3）完善公益性铁路提供机制

根据公益性程度对全国不同区位的铁路线和运输服务进行分类。依据不同属性，合理界定政府在基础设施建设和运输服务方面的责任。对于具有公益性属性的铁路线，中央和地方政府全部或部分承担其建设职责；对于具有商业性属性的铁路线，则可采取市场化建设和经营机制，使其具备吸引其他经营主体和外部资本进入的条件。政府投入铁路的资金实现专款专用、透明和可监管，防止资金转移和挪用。同时，在成本效益核算基础上，政府通过签订公共服务合同的形式向铁路运输企业购买具有公益性的运输服务或明确规定对部分业务提供运营补贴。

（4）完善铁路行业管理和监管体制

将铁路发展战略、铁路网规划、标准制定等职能移交中国铁路路网公司，以保证全国铁路发展和路网规划的公正性和客观性。根据不同铁路网络的性质，在中央与地方之间合理划分铁路的市场准入、运输价格监管等权限。考虑到铁路安全质量监管、消费者权益监管需要依据现场调查和掌握的信息，进一步加强铁路各级监管机构的能力建设，构建完善的铁路监管体系。

5.3 中国铁路总公司"瘦体健身"浅析

全面深化铁路改革"六步走"实施路径，以"稳中求进"为总基调，充分利用了目前中国铁路总公司的体制优势，稳步推进改革。可以说，中国铁路总公司是整个铁路改革实施方案的中坚力量，而铁路改革"六步走"实施路径也可以看成是中国铁路总公司"瘦体健身"的过程，如图 5-11 所示。

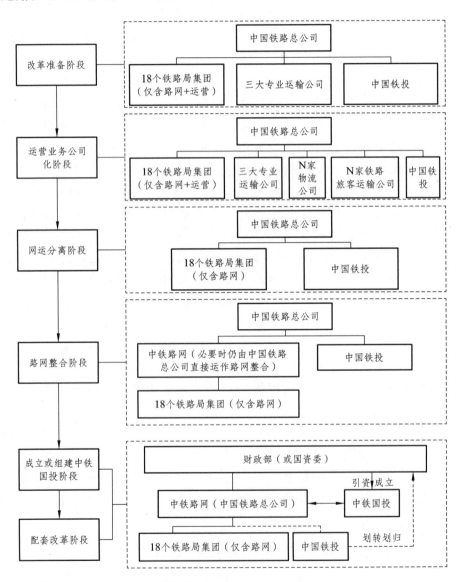

图 5-11 中国铁路总公司"瘦体健身"示意图

在现阶段，中国铁路总公司由三大领域组成：① 以 18 个铁路局为基础的路网领域（还包括运营）；② 以三大专业运输公司为代表的运营领域；③ 以中国铁投（不是中铁国投）为基础的资本领域。

在第三步，网运分离之后，中国铁路总公司变由两大领域组成：① 以 18 个铁路局为基础的路网领域（不包括运营）；② 以中国铁投（不是中铁国投）为基础的资本领域。

在第五步，以中国铁投为基础成立中铁国投并划归财政部（或国资委）之后，中国铁路总公司（或在第四步整合为中铁路网）只剩下一块业务，即以 18 个铁路局为基础的路网领域（不包括运营），此时中国铁路总公司只剩下路网业务，已经完成了从"中国铁路总公司"到"路网公司"的"瘦身健体"。

中国铁路总公司"瘦身健体"的过程，也是统分结合的网运分离的过程——既是运营分离的过程，也是路网整合的过程。中国铁路总公司一分为三：运营分离出去完全走向市场；资本分离出去划归财政部（或国资委），这对做大、做强、做优铁路国有资本意义重大；留下来的路网部分，应专心做好路网规划、建设、调度，以及做好"中国铁路走出去"的集成供应商，成为我国铁路繁荣发展的牢固基石。

5.4　本章小结

本章主要阐述全面深化铁路改革"六步走"实施路径。

（1）改革准备阶段。① 对 17 个非运输主业下属单位以及 18 个铁路局进行改制；② 在完成对 18 个铁路局的改制后，对中国铁路总公司本级进行改制；③ 继续深化货运改革、推进铁路客运改革；④ 对其他铁路企事业单位进行资产清查及核对工作；⑤ 推进 17 个非运输主业（中国铁路专运中心除外）企业和三大专业运输公司的股份制改造。

（2）运营业务公司化（运营资源整合）阶段。做大做强做实三大专业运输公司，由三大专业运输公司融资购入 18 个铁路局集团的部分货运受理服务中心，另一部分货运受理服务中心则按照现代企业制度孵化、整合而成若干类似三大专业运输公司的货运运营公司（以下简称三大专业运输公司与若干运营公司为"3+N"）。

（3）网运分离阶段。将"3+N"个运营公司从"1+18"中逐步分离出来，将第二阶段中国铁路总公司及18个铁路局集团孵化出的一大批运营公司推向市场，除部分需兜底公益性运输的客货运营公司外，其余全部流转为社会资本控股或参股的股份有限公司（若具备条件可上市），并允许各类社会资本举办铁路运营公司，铁路运营作为"竞争性业务"彻底面向市场开放，实现较为彻底的网运分离。此时，兜底公益性运输的运营公司应实现国资控股的混合所有制改革，并从中国铁路总公司控股划转为中国铁投（或中铁国投）控股（也可以在第五步铁路国有资产管理体制改革实现），18个铁路局集团不再继续参股。

（4）路网整合（路网资源整合）阶段。将工务、电务、供电合并为工电综合段，推进实施工务、电务、供电、通信多工种管理综合化、维修一体化和大修专业化；逐步将"1+18"整合为一个路网集团公司。

（5）铁路国有资产管理体制改革阶段。成立中国铁路国有资本投资运营公司，完善铁路资产监管，提高资源配置效率，充分发挥投资运营公司的作用，推动铁路改革。

（6）配套改革阶段。通过推进铁路运价机制改革、健全多元化铁路投融资体制机制、完善公益性铁路提供机制、完善铁路行业管理和监管体制等，全面激发铁路发展活力，增强行业竞争力和持续发展能力，使铁路企业真正成为市场主体，形成统一开放、公平公正、有效竞争的铁路运输市场。

我国全面深化铁路改革主要有三类备选方案，分别是区域分割方案、网运分离方案以及综合改革方案，其中综合改革方案又分为综合改革-魏际刚方案和综合改革-左大杰方案。本章主要介绍各备选方案的基本思路、主要特点以及可行性，并对各备选方案的改革目标与路径进行比选，最终建议将综合改革-左大杰方案作为我国铁路改革的推荐方案。

6.1　区域分割方案

6.1.1　基本思路

"区域分割"方案是赵坚教授提出的方案，是指将目前中国铁路总公司所属 18 个铁路局按照几大区域集团进行横向划分。区域分割方案的设想主要有以下两种：

（1）在文献[40]中，赵坚建议将现有的 18 个铁路局（公司）进行区域分割，重组为三大区域铁路公司，即北方、中部和南方铁路公司：① 北方铁路公司包括北京、太原、沈阳、哈尔滨、呼和浩特 5 个铁路局（集团公司）以及济南铁路局所属的原济南、青岛铁路分局；② 中部铁路公司包括上海、郑州、西安、武汉、兰州、乌鲁木齐、青藏公司 7 个铁路局（集团公司）以及济南铁路局所属的原徐州铁路分局，把济南铁路局所属的原徐州铁路分局划归中部铁路公司，主要是减少陇海线上的分界口数量;③ 南方铁路公司中包括广铁集团、成都、南昌、昆明、南宁 5 个铁路局（集团公司）。

赵坚建议，在三大区域铁路公司之上不设统一调度指挥机构，三大区域铁路公司之间是独立的。三大区域铁路公司各自在其管内实行统一调度指挥，具有投资决策财产处置的权利，具有完全的市场主体地位，在三大区域铁路公司之间可以形成比较竞争。三大区域铁路公司成立以后还要对其所属的铁路局进行重组，要以主通道为基础组建分公司（或子公司），每个分公司管理一条相应的主通道及与其有紧密联系的支线，每个区域铁路公司将组建 15 个左右的铁路分公司，铁路分公司根据区域公司赋予的部分调度指挥职能,组织管内货流车流，负责相应通道的部分调度指挥工作。以主通道为基础组建分公司，可以形成区域公司内的相邻主通道的平行线路竞争。

（2）文献[48]在 2013 年 12 月报道"考虑到国家铁路局'三定'方案中设立了沈阳、上海、广州、成都、武汉、西安、兰州 7 个地区铁路监督管理局，负责辖区内铁路监督管理工作，那么 18 个铁路局很可能也是整合成 7 个区域公司与国家铁路局的地区监督局匹配",并报道"各个区域片区董事长候选人都已经敲定""路局的整合可能在 2014 年启动，最快可能在 3 月份（2014 年，笔者注）全国两会后"。

6.1.2　主要优点

一是区域分割方案能够以行政命令推进改革，无须在政策、法律以及铁路运输组织方面做太多准备工作，改革进展较快。

二是区域分割方案将形成几家区域性公司，对充分发挥整个铁路网络的运输效率具有一定的积极意义。中国铁路总公司对各铁路局以分界口为边界设计了一套严格的清算体系，各铁路局经常围绕分界口纠缠于本局某些具体的技术经济指标，从而影响整个铁路网络的运输效率，这种状况一直到近几年铁路货运市场份额持续下滑的背景下才得到改善。

三是区域分割方案形成几家区域性公司，管辖范围将大大增加，目前跨局的客货运业务之中的相当一部分届时将成为区域公司管内业务，无须上一级管理机构审核、批复，从而能够更加快速地适应运输市场需求。

6.1.3　主要不足

一是从指导思想上看，党的十八届三中全会在坚持和完善基本经济制度方面提出积极发展混合所有制经济、推动国有企业完善现代企业制度、支持非公有制经济健康发展等重要理论成果。显然，在文献[48]报道的"路局整合可能在 2014 年启动、最快可能在该年度 3 月份全国两会后"的时间节点之前，区域分割方案很难实质性贯彻党的十八届三中全会的有关精神，在改革的指导思想上存在较大的局限性。

二是从国家安全上看，尤其需要注意我国各区域资源分布、经济社会发展水平极不均衡，所处安全环境各异，区域分割方案极易在各区域公司之间形成新的运输壁垒，甚至存在危害国家统一与安全的可能性。

三是从经营规模上看，区域分割方案将形成几个经营规模远超现有铁路局的区域性公司，其中多个公司的规模将达到甚至超过日本国有铁路公司的规模（营业里程约为 2.1 万千米），因此极有可能"复制"日本国铁的所有问题。然而，日本国铁早在 1987 年 4 月即已实施以"分割"为主要特征的改革（将原有约 2.1 万千米的日本国铁路网划分成 6 个客运公司和 1 个货运公司，其中货运公司不拥有路网资源）[49]。日本国铁改革是世界铁路改革的成功案例之一，日本早在 1987 年就抛弃了的经营形态不应作为我国全面深化铁路改革的目标。

四是从改革进程来看，主要存在两个问题。一方面，该方案尚未明确中国铁路总公司的去向：若不复存在（类似日本），将丧失其保证运输安全高效、维护公平竞争、保障国家安全等优势；若继续存在，重新组建的几个区域公司可能过于强势，中国铁路总公司对其影响力将大幅度降低，进而影响整个路网的效率。另一方面，目前中国铁路总公司所属 18 个路局（集团、公司）是多年来各方利益平衡的结果，区域分割意味着超过 10 个铁路局被撤销，在人员调整、资产合并等方面会给全面深化铁路改革带来较大阻力。

五是从改革效果看，区域分割方案的实质是把目前统一的路网分割为几个相对独立的子路网，不仅破坏了路网的统一性，而且区域分割条件下所谓的"区域竞争""平行线路竞争"极难实现（需要极为发达的铁路路网且分属于不同公司的平行线路）。将18个路局整合为几个新"路局"，并未改变既有的经营管理体制，现有的诸多问题届时仍然无法根本解决，甚至会加剧目前已有的困难。以往和当前的实践证明，在网运合一的体制下，某个铁路局（或区域公司）很难在另一个铁路局（或区域公司）的管辖区域内展开竞争，区域分割只能加速形成"区域垄断"而非所谓的"区域竞争"。

【专栏 6-1】 "路局合并？""改革伊始，绝不可能！"（摘自左大杰「非著名运输专家」微信公众号）

近日来，"18个铁路局整合为6~8个区域公司"一说，占据各商业媒体和自媒体版面。某自媒体转引大河报的报道（2013年4月18日）如下：

最新消息：中国铁路总公司下属的18个铁路局的整合重组年内有望启动，当前各方仍在博弈重组方案。

按当前的讨论方案，现有的18个铁路局或公司将重组为7个或者8个区域公司，具体包括东北、京津、华东、中原、华南、西南以及西北铁路公司，现有的西安铁路局可能单独组为西安铁路公司，也可能由兰州铁路局整合进入西北铁路公司。

此外，某些重要的干线很可能单列组建公司，而不再纳入重组后的区域公司管辖，比如还未完全完工的京港高铁，京港高铁当前切割为5段，分别由5家高铁公司负责其资产的保值增值。

前述18个路局的整合思路也已经有了雏形：

（1）东北地区：沈阳局整合哈尔滨局；

（2）京津地区：北京局整合太原局，济南局也有可能被整合进这一区域铁路公司，郑州局部分地区可能划入；

（3）华东地区：上海局整合南昌局福建部分；

（4）中原地区：武汉局整合部分原郑州局管辖区域，原广铁集团管内的湖南也将整合到中原铁路公司；

（5）华南地区：广铁集团管内的广东、海南将保留，广铁原管内的湖南将划出，但南宁局将划入广铁集团，南昌局管内的江西也可能划入广铁；

（6）西南地区：成都局整合昆明局；

（7）西北地区：兰州局整合乌鲁木齐局和呼和浩特局；

（8）青藏铁路公司单列。

上述整合方案中，郑州局和武汉局的博弈颇受关注，消息人士说，从目前的讨论方案看，郑州局很可能一分为四，北京局、西安局、武汉局以及上海局都会切割一部分。事实上，已经公布的国家铁路局"三定"方案中，7个外派机构的设置已经暗示了未来区域铁路公司整合的方向。国家铁路局将在沈阳、上海、广州、成都、武汉、西安、兰州7个地区设立铁路监督管理局。

上述受访消息人士指出，按当前铁路系统内的设想，铁路总公司内部的改制会大致分三步：第一步是拆分路局，配合拆分铁道部的改革，实现政企分开；第二步是18个铁路局按区域重组整合，而与铁路局平级的高铁公司资产也会进行重组，形成高铁线路、城际轨道以及国铁全面启动重组的格局；第三步则是进一步将铁路资产重组，包括推进客货运的分离以及网运分离。

上述受访人士们同时提醒，虽然路局的拆并整合在即，但整合启动到最终完成资产的交接以及人员的调配仍需数年时间。"太激进的改革可能引起混乱和安全事故。"一位消息人士说，与分拆铁道部的第一步改革不同，路局整合将涉及大量管理人员和一二线职工的大范围调配。

再次提醒读者注意的是，这是大河报2013年4月18日的一则报道。

我对上述报道的基本态度：

我完全赞同有关方面关于"路局合并（区域分割）"方案优点的论述，但是我坚决认为该方案具有明显缺陷。对于"18个铁路局整合为6～8个区域公司"这一说法，我的基本态度是两点：一是深表怀疑，二是坚决反对。

对该方案的怀疑：

对于这则报道，我表示深度怀疑。

今天疯传的报道与之前大河报谣传的完全雷同。而有关自媒体报道此篇文章时，只是提到"最新消息"或"日前"，给人的印象就是该文报道的情况即为最新情况，给读者以极大困扰。

大河报当时（2013年4月18日）的报道，离铁道部刚被撤销（2013年3月18日）仅有一个月。当时，媒体和专家对未来铁路改革提出建议，是完全可以接受的。但是，近期盛传于自媒体的"18个铁路局整合为7～8个区域公司"相关报道，实在非常不靠谱。

对该方案的反对：

对于"区域分割"这个方案，我表示坚决反对。具体原因可见我有关文章，这里不加论证地提出以下几点意见。

第一，"区域分割"这个方案已经被反复提出、反复辟谣。如果这是一个好方案，决策层不可能搁置近20年还不予实施。

第二，① 如果18个铁路局太多要合成6～8个，那么为什么6～8个区域公司合理，而不是有关人士提出的3个更合理？② 如果有关人士提出的3个区域公司合理，那为什么不是国务院原总理朱镕基提出的两个区域公司更合理？③ 如果两个区域公司合理，那为什么不是魏际刚研究员、左大杰副教授提出的1个路网公司更合理？

第三，"区域分割"方案是铁路改革最不利方案。

（1）从指导思想上看，党的十八届三中全会提出了根据不同行业特点实行网运分开、放开竞争性业务等重要理论成果。显然，区域分割方案只是简单地合并，在改革的指导思想上存在较大的局限性。

（2）从经营规模上看，区域分割方案将形成3个区域性公司，"北、中、南"三大区域公司营业里程平均将超过5万千米，3个或者6～8个"小铁总"后者极有可能"复制"1987年以前日本国铁（营业里程2.1万千米）的所有问题，这种形而上的铁路改革方案必要性并不充分。

（3）从改革进程来看，目前中国铁路总公司所属18个路局（集团、公司）是多年来各方面利益平衡的结果，区域分割意味着超过10～15个铁路局被撤销，在人员安排等方面给全面深化铁路改革带来较大阻力。改革还没开始，就干掉10个铁路局机关，这不是人为制造改革阻力吗？在深化铁路改革的决战阶段，每一位铁路干部职工都应该发挥积极作用，而不应该让他们为自己的前途去担心。

（4）从改革效果看，区域分割方案把中国铁路总公司分割为 3 个相对独立的子路网，不仅破坏了路网的统一性，而且区域分割条件下所谓的"区域竞争""平行线路竞争"极难实现。实践证明，在网运合一的体制下，某个铁路局（或区域公司）很难在另一个铁路局（或区域公司）的管辖区域内展开竞争，区域分割只能加速形成"区域垄断"而非所谓的"区域竞争"，而一系列深层次矛盾仍然无法根本解决，甚至会加剧目前已有的困难。

无论是区域分割方案，还是网运分离方案或综合改革方案，都是各有利弊的方案（详见笔者《全面深化铁路改革备选方案的比较研究》一文，《综合运输》，2016 年第 3 期）。

鉴于区域分割方案具有明显不足，我认为区域分割方案是铁路改革最不利方案，在决策时务必谨慎选择。

此外，电信行业也曾经历过类似区域分割的改革阶段。回顾电信行业改革历程，其改革始于 1994 年 7 月 19 日，由电子部、电力部、铁道部三部发起，以及 10 个部委共同出资，成立了一家新的电信运营商——中国联通。1998 年，中国电信行业改革到了破冰之时，经过一段时间的积累和市场检验，改革的理论更加完善。而在这个时候，经过 4 年市场的竞争，中国联通由于体量小，初始资金量很小，也缺乏技术、管理、运营人才，发展遇到了很大困难。在这个阶段，主要是邮电分营，政企分开。邮政因为它的业务特点与电信业有较大不同，牵涉国家主权，暂时不放开，被电信分离出来，成立国家邮政总局，管理相关事务。邮电部被撤销，将原电子部和邮电部合并成立信息产业部。信息产业部，不再是一个政企不分的机构，它只是政府，行使国家对信息产业管理的职能。以往的电信运营职能，也从邮电部剥离出，由新成立的中国电信公司担任。这样信息产业部就成为一个真正意义上的管理机构，可以公平地进行产业管理，保证电信业的健康发展。

经过了政企分开，整个电信业的管制框架基本上理顺了，信息产业部作为政府进行管理，中国电信和中国联通两家运营商展开竞争，但是毕竟联通的实力太弱，短时间内要形成竞争，冲击中国电信，实力还是远远不够。削弱中国电信，形成更多的竞争主体，这成为当时主流的声音。最终，中国电信的移动业务被剥离出来，成立中国移动，使中国电信失去新领域的发展机会。这个阶段，中国电信业的格局，从一个垄断、政企不分的机构成为政府管制、三家运营商进行竞争的市场格局，虽然整体格局还是中国电信大，其他两家小，但是运营主体更多，市场竞争的态势更加明显。在经历了政企分开，移动剥离之后，电信业存在较大的市场机会，也应该引入更多的竞争主体，这成为整个社会的共识，一时间，多个机构希望能够切入电信市场，加入中国电信运营探索过程中。

经过几年的激烈市场竞争，很快几家电信运营商开始支撑不下去了。首先是中国网通面临巨大亏损，如果继续下去，几百亿的亏损令各个股东单位无力支撑；如果破产，不但对打破垄断的电信改革是巨大冲击，同时大量的国有资产也会打了水漂。这个过程中，中国电信的实力还是过于强大，几家企业难以与之形成较为平等的市场竞争态势。一方面是为了拯救网通，另一方面也是为了再次促进市场的相对均衡，拆分中国电信被提上议事日程。这一轮的电信改革，是把中国电信拆分成中国电信和中国网通。中国电信由原中国电信南方 21 个省构成；中国网通由原中国电信北方十省和原中国网通构成，原中国网通被完全并入中国网通公司。

这个阶段的改革措施可以看作是区域分割，南方 21 省的电信业务主要由拆分后的中国电信负责，而北方的电信业务由中国网通公司负责。然而区域分割并没有使电信行业形成平等的竞争，远没有达到预期的改革效果。由此观之，铁路改革若采用区域分割方案，也无法真正打破垄断，实现各区域公平竞争的改革目的，并很有可能形成新的运输壁垒。

6.1.4　可行性分析

区域分割方案尽管能够以行政命令的形式快速推进，也在一定程度上存在提高运输效率的预期，但因其没有贯彻十八届三中全会全面深化改革的有关精神、规模庞大的区域性公司可能"复制"日本国铁改革前的所有问题、可能形成新的运输壁垒并危害国家安全、现阶段区域竞争难以实现、未能明确中国铁路总公司的去向以及各方利益难以平衡等缺陷，难以作为当前全面深化铁路改革的优先方案。2014年 1 月，中国铁路总公司也公开否定了区域分割方案[50]。2017 年 9月，中国铁路总公司推进了 18 个铁路局改制为集团有限公司，再一次从实践上否定了"区域分割方案"作为铁路改革优选方案的可能性。

6.2　网运分离方案

6.2.1　基本思路

"网运分离"方案是指把具有自然垄断性的国家铁路网基础设施与具有市场竞争性的铁路客货运输分离，组建中国铁路路网公司和若干客运公司、货运公司，实行分类管理[19,51-54]。

自 2000 年以来，铁路网运分离方案一直受到学者广泛关注。根据"网运分离"方案中路网公司、运营公司数量及其相互关系的不同，又可分为两个阶段：

第一阶段以文献[51-54]为代表，提出将具有自然垄断性的国家铁路网基础设施与具有市场竞争性的铁路客货运输分离，但对路网公司、运营公司的数量及产权关系未做明确要求。这一阶段的"网运分离"方案曾在小范围实施，但由于多方面的原因未取得实质性进展。

第二阶段以文献[19]为代表，主要特点包括两个方面：一是建立一个全国统一的路网公司(以维护路网整体性)与一大批运营公司(以加强客货运输市场竞争)；二是为了给所有运营公司公平竞争创造必要条件，建议严格禁止路网公司以任何形式直接从事运营业务，迫使路网公司能且仅能通过服务于运营公司体现自身价值。否则，庞大的路网公司在利益驱使下会衍生出众多的有直接共同利益的运营公司，使其在铁路运输网络上既是"裁判员"又是"运动员"，由路网公司参股或控股的运营公司更容易获得潜在的运营优先权，从而使得其他不具备这种关系的运营公司处于不利地位，这也是我国曾经小范围内试行"网运分离"最终失败的主要原因之一。将全国铁路网整合形成一个大、一、统的路网公司，并禁止其直接从事客货运营业务，这是区别于两阶段网运分离方案的主要特点。

6.2.2 主要优点

"网运分离"方案以国有资本独资或控股的一个大、统、全的路网公司和由各类资本举办的众多的小、精、专的运营公司为显著特点，具有以下优点：

一是网运分离有利于铁路投融资体制改革。铁路投融资体制改革一直是铁路改革的一个重点和难点。此前，我国高层已经就铁路投融资体制改革进行了多次类似的顶层设计，但是效果甚微。究其原因，在铁路网运合一条件下，由于铁路建设是一个资金密集型、回报周期长的行业，一方面社会资本没有预期的投资回报"不愿进"，另一方面小规模的社会资本也"无法进"。只有在网运分离条件下，庞大的铁路网建设将由规模巨大、实力雄厚的国有资本承担，主体分散、规模较小的社会资本才具有进入铁路领域（准确地说是客货运输领域而非路网建设维护和行车领域）的可行性。

二是网运分离有利于提高铁路运输效率。由规模巨大的国有资本独资或控股举办一个大、统、全的铁路路网公司，有利于在保证安全、正点的前提下以提高运输效率为第一目标。在网运分离模式下，一个大、统、全的路网公司能够克服或避免分割状态下影响运输效率的一些不利因素，以充分发挥整个铁路网络的自然垄断性优势。

三是网运分离有利于强化铁路运输市场竞争。在网运合一条件下，中国铁路总公司下仅有18个地方铁路局及3个专业公司具有承运人资格，铁路运输领域内部几乎没有充分的竞争机制；在网运分离条件下，以购买列车运行线或租赁运载工具的形式从事铁路运营无须巨额资本，这使规模较小的各类社会资本能够积极涉足铁路运营领域，因而可以举办数量众多的小、精、专的铁路运营公司专注于服务运输市场，这对铁路引入竞争机制具有重要意义。

6.2.3　主要不足

第一阶段的"网运分离"方案形成于 2000 年前后，并在一定范围内进行了试点。但是，路网公司和运营公司产权单一、边界不清，难以发挥应有作用。

第二阶段的"网运分离"方案形成于 2013 年党的十八届三中全会前期（如文献[19]发表于 2013 年 7 月），在改革的指导思想上存在一定的局限性。党的十八届三中全会提出了一系列新论断、新观点，主要包括"使市场在资源配置中起决定性作用""完善现代产权制度""健全归属明确、权责明确、保护严格、流转顺畅的现代产权制度""积极发展混合所有制经济""国有资本、集体资本、非公有制资本等交叉持股、相互融合的混合所有制经济，是基本经济制度的重要实现形式""国有资本投资项目允许非国有资本参股，允许混合所有制经济实行企业员工持股，形成资本所有者和劳动者利益共同体""推动国有企业完善现代企业制度""国有资本继续控股经营的自然垄断企业，实行以政企分开、政资分开、特许经营、政府监管为主的改革，根据不同行业特点实行网运分开、放开竞争性业务，推进公共资源配置市场化，进一步破除各种形式的行政垄断"。上述新论断、新观点已经在电信、电力、能源等领域的全面深化改革进程中发挥了巨大作用。显然，第二阶段的"网运分离"方案在运用党的十八届三中全会的新论断、新观点方面存在明显不足。

目前，我国铁路存在现代企业制度、混合所有制、投融资体制、铁路债务处置、公益性补偿机制、企业运行机制、改革目标与路径、改革保障机制、监管体制等一系列问题，亟须解决，而不仅仅只是网运分离问题。显然，上述两个阶段的"网运分离"方案均未对这些关键问题提出解决措施。

6.2.4　可行性分析

尽管网运分离方案具备有利于吸引社会资本、有利于提高效率、有利于加强竞争等优点，但因其没有运用党的十八届三中全会关于全面深化铁路改革的有关理论成果，在改革的指导思想上存在一定的局限性，而且对当前铁路现代企业制度不完善、中长期债务难以处置、现代企业制度尚未建立、混合所有制不充分、公益性补偿机制不够健全等突出问题均未做出妥善安排，因此很难成为当前全面深化铁路改革的优先方案。

6.3 综合改革-魏际刚方案

6.3.1 基本思路

综合改革-魏际刚方案是顶层设计加自上而下的改革路径，其改革目标是形成全面激发铁路发展活力、增强行业竞争力和持续发展能力、更好地为经济社会发展服务的体制；铁路行业真正成为市场主体；形成统一开放、公平公正、有效竞争的铁路运输市场；行业管理、监管、治理高效，法律体系完备。

综合改革-魏际刚方案设想的铁路改革路径如下：

第一步，加快推进铁路货运改革。将铁路总公司的货运功能进行分离，新成立中国铁路货运公司，其下可考虑设中国铁路大宗物资运输公司、中国铁路快运公司、中国铁路特种货物运输公司、中国铁路集装箱多式联运公司等。中国铁路货运公司的定位为铁路货物运输和物流企业，自身不拥有铁路网资源。

第二步，稳妥推进铁路客运改革。分离铁路总公司的高速铁路客运功能，成立中国高速铁路客运公司。其下可设中国南方高速铁路公司和中国北方高速铁路公司。分离中国铁路总公司的普通客运功能，成立中国普通铁路客运公司。中国高速铁路公司的定位为竞争性客运企业，全面参与市场竞争。中国普通铁路客运公司定位为（准）公益客运企业。中国高速铁路客运公司和中国普通铁路客运公司不拥有铁路网资源。

第三步，成立专门的铁路路网公司。依托铁路总公司现有的路网资源组建中国铁路路网公司，负责铁路网及其相关基础设施的建设、运营、维护以及路网的统一运营调度。

第四步，成立专门的铁路清算公司。依托铁路总公司现有的财务清算职能，组建中国铁路清算公司，负责铁路客货运输与路网公司的财务清算，清算规则向全社会公开。

第五步，撤销铁路总公司，组建中国铁路投资和资产管理公司。由财政部出资组建，负责铁路建设资金的筹集、债务处理和路网建设。中国铁路投资和资产管理公司的资本金由中央财政资金、省区市地方财政资金、大型央企投资构成，同时吸纳铁路建设基金、铁路债券、银行保险资金等。中国铁路货运公司、中国高速铁路客运公司、中国铁路清算公司由国资委负责绩效考核；国家铁路局对铁路市场主体实施安全监管和市场监管。

第六步，推动铁路客货公司成为具有现代企业制度、符合运输业发展规律、高效率、有活力的现代铁路运输企业。推动中国铁路货运公司、中国高速铁路客运公司成为国资控股的混合所有制企业，建立能够充分体现各方利益和诉求的科学、规范、透明的法人治理结构。

综合改革-魏际刚方案的突出特点主要包括以下几点：

① 注重顶层设计。

遵循铁路行业发展规律，从铁路服务于国民经济和社会发展全局出发，坚持市场化改革方向，系统设计，统筹安排，合理划分政府与市场、政府与企业、政府与社会、中央与地方的责任，放宽准入、价格和投资限制，重塑市场主体，激发企业发展活力。通过竞争性业务和非竞争性业务分开，全面引入竞争，推进行业重组，构建统一开放、公平公正、竞争有序的铁路运输市场。按照"权责一致、分工合理、决策科学、执行顺畅、监督有力"的方向完善铁路行业管理和监管体制。

② 以"网运分离+路网垄断+运营垄断+业务分割"为改革目标。

在综合改革-魏际刚方案中，提出把铁路总公司的货运功能分离出来，成立新的货运公司，并分离铁路总公司的高速铁路客运功能，成立中国高速铁路客运公司。依托铁路总公司现有的路网资源组建中国铁路路网公司，负责铁路网及其相关基础设施的建设、运营、维护以及路网的统一运营调度，这样便把运营与路网分离开来，从而可以实现网运分离的改革目标。

在组建中国铁路路网公司之后，铁路路网由一家公司垄断经营，路网公司负责铁路网所有的建设、运营、维护及运营调度，其他公司无权参与路网经营。将铁路总公司的货运功能进行分离，新成立中国铁路货运公司，其下可考虑设立中国铁路大宗物资运输公司、中国铁路快运公司、中国铁路特种货物运输公司、中国铁路集装箱多式联运公司等，各铁路货运公司各自负责其对应的货运业务，实行货运业务的垄断经营，且各货运公司自身不拥有路网资源。

中国高速铁路客运公司下面可设立中国南方高速铁路公司和中国北方高速铁路公司，此外分离中国铁路总公司的普通客运功能，成立中国普通铁路客运公司。中国高速铁路公司定位为竞争性客运企业，全面参与市场竞争。中国普通铁路客运公司的定位为（准）公益客运企业。各类客运公司不拥有路网资源，仅对客运业务进行垄断经营。

综上所述，综合改革-魏际刚方案提出成立专门的路网公司，将路网与运营分离开来，并将铁路按照高速铁路、普速铁路、客运、货运进行业务分割，以实现"网运分离+路网垄断+运营垄断+业务分割"的改革目标。

③ 选择"自上而下"的改革路径。

改革第一步是将铁路总公司的货运功能进行分离，第二步是将铁路总公司客运功能分离出来，紧接着成立铁路路网公司、铁路清算公司，最后撤销铁路总公司，这一改革路径是自上而下逐步实施的。

6.3.2　主要优点

综合改革-魏际刚方案的思路是遵循铁路行业发展规律，从铁路服务于国民经济和社会发展全局出发，坚持市场化改革方向，系统设计，统筹安排，合理划分政府与市场、政府与企业、政府与社会、中央与地方的责任，放宽准入、价格和投资限制，重塑市场主体，激发企业发展活力。综合改革-魏际刚方案的主要优点在于其注重顶层设计，采取分阶段实施改革措施，先进行铁路行业内部战略性重组，然后全面放开铁路市场。

6.3.3 主要不足

综合改革-魏际刚方案中提出要分别成立中国高速客运公司、中国普速客运公司、中国普速货运公司、中国快速货运公司，但是路网与运营业务边界、资产边界很难在顶层设计阶段明确，所以边界判断失误的风险很高，从而可能导致铁路系统内部混乱。

中国通信行业曾经一度采用"业务分割"模式，但这种易于快速推进的模式在第五次电信企业重组中被坚决摒弃，其改革实践可以为我国铁路改革提供借鉴。第五次重组之后三大运营商均未全牌照运营。在电信行业拆分中国电信之后，中国电信和中国网通一直未成功申请移动牌照，而中国移动抓住了中国移动通信高速度发展这个契机，迅速崛起。中国电信和中国联通为了争夺一部分移动市场，不得不采用技术上没有前途的小灵通，大量资金被投入到效率不高的领域。几年后，中国移动快速成长，最终在收入、利润、用户数都超过了其他几家运营商的总和。但中国电信和中国网通由于没有移动牌照，在一个高速度增长领域失去了较大机会。由此观之，业务分割存在很大的局限性，极有可能导致竞争各方的实力极不均衡。

第五次电信重组是在前几次基础上，对电信业改革后出现的情况进行全面总结后，再一次进行的调整。这次改革是把中国联通和中国网通合并，组建成新的中国联通，它的实力更加强大。中国铁通并入中国移动，同时把中国联通的 CDMA 网络卖给中国电信，中国卫通也并入中国电信集团。最后，中国电信业形成的体系是工信部担任承担管制职能，保证市场的公平竞争、保证互联互通、保证服务质量，同时也在寻求更多的办法，促进市场竞争。三家电信运营商，基本获得全业务牌照，三家运营商都基本拥有相同的资源。这样在市场上，三家运营商的资源相当，竞争能力相当，不会因为一家运营商过于弱小而无力展开竞争。

综上所述，由于业务分割会导致参与竞争的各运营商实力相差悬殊，电信行业最终放弃了业务分割而进行了第五次电信重组。如果铁路行业在改革中也实行业务分割，极有可能也会导致竞争各方实力因相差悬殊而无法进行有效竞争，因此综合改革-魏际刚方案存在一定的局限性。

6.4 综合改革-左大杰方案

6.4.1 基本思路

综合改革-左大杰方案是根据党的十八届三中全会通过的《中共中央关于全面深化改革若干重大问题的决定》的精神，并充分结合我国铁路实际，以实施基于统分结合的网运分离经营管理体制为突破口，以建立铁路现代企业制度为主要抓手，以基于产权多元化的混合所有制企业为实现形式,成立一个全国统一的路网公司与一大批运营公司，从而实行网运分开，放开铁路运营等竞争性业务，推进铁路资源配置市场化的一系列改革方案。该方案的突出特点包括：

（1）铁路国家所有权政策；

（2）基于统分结合的铁路网运关系调整；

（3）基于公司制的铁路现代企业制度；

（4）基于产权多元化的铁路混合所有制；

（5）基于资本规模匹配的铁路投融资形式；

（6）基于多种债务处置方式结合的铁路中长期债务处置；

（7）基于成本定价法的铁路运输定价机制；

（8）基于运营分离的铁路公益性补偿机制；

（9）基于现代企业治理结构的铁路企业运行机制；

（10）基于分类监管的铁路监管体制；

（11）基于立法先行的铁路改革保障机制；

（12）基于顶层设计+自下而上的铁路改革目标路径。

6.4.2 主要优点

一是综合改革-左大杰方案坚持以十八届三中全会和中央深化改革领导小组多次会议精神为指导，不仅要实现铁路"网运分离"，而且所有公司均以建立现代企业制度为首要目标。其中，所有公司都应采用十八届三中全会提出的混合所有制这一经济实现形式。这对发挥市场在资源配置中的决定性作用具有重要意义。

二是综合改革-左大杰方案吸收了网运分离方案的积极因素，因而有利于提高铁路运输效率、有利于强化铁路运输市场竞争、有利于吸收社会资本进入铁路领域、有利于保证国家安全等。

三是基于公司制的铁路现代企业制度具有产权清晰的特点，因此铁路改革在资产清查之后能够逐步以产权流转的形式进行，可以充分发挥市场在铁路改革进程中的决定性作用，避免以行政命令推进铁路改革，以市场推进的改革具有更好的持续性，且改革成果更符合市场需求。

四是改革稳中求进，自下而上分阶段、有步骤地推进铁路改革，可以充分发挥中国铁路总公司以及所属 18 个铁路局（集团、公司）在深化铁路改革中的主体地位，提高其参与铁路改革的积极性，也有利于铁路改革在既有体制下实现顺利过渡。

五是综合改革-左大杰方案提出了铁路的国家所有权政策。国家所有权政策是指有关国家出资和资本运作的公共政策，是国家作为国有资产所有者要实现的总体目标，以及国有企业为实现这些总体目标而制定的实施战略。目前，如何处理国家与铁路之间的关系，如何明确国有经济在铁路行业的功能定位与布局，以及国有经济如何在铁路领域发挥作用，是全面深化铁路改革在政策层面的关键问题，也是其余改革方案所没有涉及的问题。

6.4.3　主要不足

一方面，综合改革-左大杰方案需要持续相对较长的时间。一是顶层设计和保障机制的制定需要一定的时间进行前期调研与准备；二是按照公司制、股份制要求，以产权改革和建立现代企业制度为重要抓手，前期以资产清查为主；三是中后期受《公司法》《证券法》等法律法规的有关规定约束（例如上市公司具有盈利年度等要求）。

另一方面，党和国家对全面深化改革提出了明确的时间要求。一是十八届三中全会提出了"到 2020 年在重要领域和关键环节改革上取得决定性成果"的目标；二是习近平总书记于 2016 年 1 月 11 日中央全面深化改革领导小组第二十次会议时强调"全面深化改革头 3 年是夯基垒台、立柱架梁的 3 年，今年（2016 年）要力争把改革的主体框架搭建起来"。因此，需要持续较长时间的综合改革-左大杰方案在满足党和国家关于全面深化改革的时间要求上具有一定的挑战性。

6.4.4 可行性分析

一是综合改革-左大杰方案贯彻了十八届三中全会的相关精神，改革指导思想具有先进性；

二是综合改革-左大杰方案中后期以产权流转为手段推进改革，可以充分发挥市场在资源配置中的决定性作用而避免采用行政手段，改革手段具有持续性；

三是尽管综合改革-左大杰方案需要持续一定的时间，但能够满足十八届三中全会确定的"到 2020 年在重要领域和关键环节改革上取得决定性成果"的时间要求。

因此，本书建议将综合改革-左大杰方案作为当前全面深化铁路改革的优先方案。

6.5 改革方案比选

6.5.1 区域分割方案是铁路改革最不利方案

本书完全赞同赵坚教授关于区域分割方案优点的论述，但是区域分割方案具有以下明显不足：

一是从指导思想上看，党的十八届三中全会提出了根据不同行业特点实行网运分开、放开竞争性业务等重要理论成果。显然，区域分割方案只是简单地合并，在改革的指导思想上存在较大的局限性。

二是从经营规模上看，赵坚教授建议的区域分割方案将形成 3 个区域性公司，"北、中、南"三大区域公司营业里程平均将超过 5 万千米，3个"小中国铁路总公司"极有可能"复制"目前中国铁路总公司和1987年以前日本国铁的所有问题，这种形而上的铁路改革方案必要性并不充分。

三是从改革进程来看，目前中国铁路总公司所属18个路局（集团、公司）是多年以来各方面利益平衡的结果，区域分割意味着超过15个铁路局被撤销，在人员安排等方面给全面深化铁路改革带来较大阻力。

四是从改革效果看，区域分割方案把中国铁路总公司分割为3个相对独立的子路网，不仅破坏了路网的统一性，而且区域分割条件下所谓的"区域竞争""平行线路竞争"极难实现。实践证明，在网运合一的体制下，某个铁路局（或区域公司）很难在另一个铁路局（或区域公司）的管辖区域内展开竞争，区域分割只能加速形成"区域垄断"而非所谓的"区域竞争"，而一系列深层次矛盾仍然无法根本解决，甚至会加剧目前已有的困难。

鉴于区域分割方案具有明显不足，本书认为区域分割方案是铁路改革最不利方案，在决策时务必谨慎选择。

6.5.2　中国铁路急需综合改革方案

铁路改革一直未能取得突破，被称为"计划经济的最后堡垒"。当前，铁路存在一系列深层次问题，亟须通过深化改革予以解决，特别是在投融资体制改革难以取得突破、巨额债务严重侵蚀铁路可持续发展的背景下，全面深化铁路改革已经刻不容缓。

从当前我国国情、路情来看，铁路除了市场竞争缺乏、经营机制不灵活等问题之外，还存在着铁路的国家所有权政策、网运关系、现代企业制度、混合所有制、投融资体制、铁路债务处置、铁路运输定价机制、公益性补偿机制、企业运行机制、监管体制、改革保障机制、改革目标与路径等深层次问题亟须解决。因此，全面深化铁路改革不应只是局限于在"区域分割"或"网运分离"方案之间做出抉择，而是需要一个统筹考虑、全面解决上述一系列深层次问题的综合改革方案[①]。

---

① 详见笔者《中国铁路亟需综合改革方案》一文，《综合运输》，2016年第3期。

本书建议以基于统分结合的网运分离为突破口，以建立铁路现代企业制度为主要抓手，实现投融资体制改革、混合所有制、中长期债务处理、公益性补偿等一系列深层次问题的统筹考虑与全面解决。本书建议的"六步走"方案，把基于统分结合的网运分离与铁路现代企业制度、投融资体制改革、混合所有制、中长期债务处理有机结合起来考虑，并特别提出了以混合所有制、国有资产产权流转实现铁路中长期债务偿还的路径。因此，绝不存在如赵坚教授所说"把中国铁路总公司的巨额债务全部甩给国家"[55]的问题①。

在上述文章发表不久之后，李克强总理在 2016 年的政府工作报告中提出了"基础设施资产证券化"的重要思路，无疑为本书关于"国有资产产权流转实现铁路中长期债务偿还"的建议提供了政策支持与理论依据。

6.5.3 "网运分离"是铁路改革的必然选项

第一，十多年前国务院相关领导认为"区域分割"优于"网运分离"，是与当时铁路所处的发展阶段分不开的。

早在 2000 年前后，国务院相关领导曾设想把路网规模约为 6.9 万千米的铁道部分割成多个区域公司；而 1987 年日本政府实施的"分割、民营化"是将路网规模约为 2.1 万千米的日本国铁分割成 6 个区域性客运铁路公司和 1 个全国性货运铁路公司，两者在本质上是相同的，即在网运合一的前提下把一个大型路网分割成多个小型路网。然而，我国铁路改革如果采用区域分割方案，将会陷入自相矛盾的境地。图 6-1 为我国铁路与日本铁路营业里程对比图（2017 年）。

2018 年年底我国铁路营业里程已经达到 13.1 万千米，预计"十三五"末我国铁路营业里程将达到 15 万千米。如果我国铁路改革采用区域分割方案，分割后形成的 7 个区域公司的平均营业里程将达到 2.14 万千米。

---

① 详见财新网上 2016 年 03 月 28 日赵坚所写的专栏文章——铁路"网运分离"无法打破路网垄断。

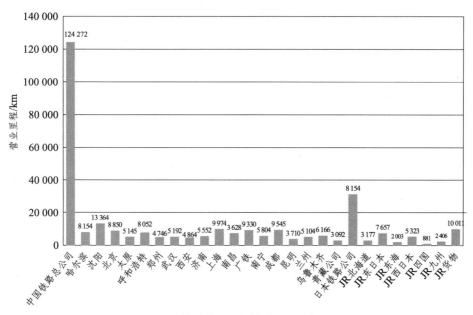

图 6-1　我国铁路与日本铁路营业里程对比图

（注：图中中国铁路总公司以及 18 个铁路局的营业里程均为 2017 年 6 月 30
　　 日止的统计数据；
　　 日本各铁路公司数据来源于日本运输省《运输经济统计要览》1992 年
　　 版[49]，图中日本铁路公司的运营里程为各 JR 公司的总和。）

　　日本国有铁路公司改革时（1986 年）里程约为 2.1 万千米，我国
铁路如果采用区域分割方案，那么形成的多个区域公司的规模将达到
甚至超过日本国有铁路公司的规模，如图 6-1 所示。从经验主义角度
分析，分割后形成的几个区域公司极有可能"复制"1987 年日本国铁
的所有问题。届时，按照 2000 年前后"区域分割"的逻辑，应在未
来再把 7 个区域公司分割成更多的小公司，从而又回到目前 10 多个
铁路局的现状。因此，在维持网运合一体制下的分分合合，只会无谓
地消耗社会资源而无法解决铁路一系列深层次问题，这会给铁路改革
发展增加不稳定因素。此外，采用区域分割方案，垄断并没有通过
区域分割而打破，只是换了一种形式继续存在，市场竞争也无法真
正引入。

　　第二，铁路"网运分离"并不需要复杂的经济学理论根据，它在

2000 年前后被否定并不意味着它在当前没有积极意义。

虽然"可竞争市场理论"不能解释英国铁路网运分离出现的问题，但是新制度经济学也难以解释中国铁路改革的问题。尽管国家鼓励社会资本投资铁路的力度非常大，但成功案例却极少。本书认为阻碍社会资本投资铁路的"玻璃门"与铁路的产业特性有关。铁路建设资金从体量上讲属于"大象"级别，而社会资本一般属于"蚂蚁"级别，不管如何鼓励"蚂蚁"来吃"大象"，"蚂蚁"都会觉得无从下口。只要网运合一，那么阻碍社会资本投资铁路的"玻璃门"必将继续存在。

"基于统分结合的网运分离"尽管并不完美，但它是处理铁路网运关系最为有效的解决方案，是破除社会资本投资铁路"玻璃门"的必然选择，因而是综合改革-左大杰方案的必然选项。

6.5.4 "网运分离"拥有丰富而成功的实践案例

第一，铁路"网运分离"在不同国家、地区、企业均有不同程度的成功实践。例如，20 世纪 70 年代，美国铁路运输企业改革的主要特点是"货运与路网统一，客运与路网分离"；1987 年，日本国铁被拆分成为 6 家客运公司和 1 家货运公司，实现了"客运与路网合一、货运与路网分离、路网按区域分割"的"分割、民营化"模式；德国、英国及法国先后于 1993 年、1994 年和 1997 年均采取了彻底的网运分离模式；我国神华集团朔黄铁路公司形成了"规范运作、自主经营、网运分离、联合运输、统分融贯、保障综合"为主要内涵的"朔黄模式"。

第二，"网运分离"正在其他运输行业发挥着重要作用。几乎全世界范围内的所有公路运输都是采取网运分离的经营管理体制：公路线路公司负责投资建设各类各级线路；公路运输公司负责车辆购置、运用与检修；客运站负责旅客售票组织与乘降组织；物流园区提供货物装卸与分拨。当前，公路货物运输正在经历着进一步的业务细分，已经成为包括但不限于"网运分离"元素在内的高度社会化的复杂生产活动。

第三，"网运分离"是贯彻落实十八届三中全会精神的重要实践。

十八届三中全会提出"国有资本继续控股经营的自然垄断企业，□□，根据不同行业特点实行网运分开、放开竞争性业务"，这一重要论断正在其他非运输网络性垄断型大型国企中得到成功实践，特别是通信领域成立铁塔公司的共享竞合模式，已经成为国企改革重组的三大范式之一，为全面深化铁路改革提供了很好的经验借鉴。

6.5.5 "六步走"路径将充分发挥市场机制作用

第一，铁路综合改革-左大杰方案并不复杂，即"六步走"方案。

第一步即改革准备阶段，该阶段包括深化货运改革、推进铁路客运改革，并首先对 17 个非运输企业按照中国铁路总公司制定的指导意见进行改制，然后对 18 个铁路局进行改制，完善企业化、市场化运行机制是这部分企业改革的指导方针，最后对中国铁路总公司进行改制。此外，还要对其他铁路企事业单位进行资产清查及核对工作。关于货运改革与客运改革，其目标应是在中国铁路总公司的体制下成立若干货运中心、客运中心，厘清行车（路网）与货运（运营）的业务与资产边界，同时推进 17 个非运输主业下属单位和三大专业运输公司的股份制改造。

第二步即运营业务公司化（运营资源整合）阶段。一是做实、做大、做强三大专业运输公司；二是把 2013 年以来成立的一批货运营销中心的一部分职能划给货运部，另一部分划给货运受理服务中心；三是对于货运受理服务中心的一部分，以三大专业运输公司融资购买的形式，将其划转进入三大专业运输公司；四是对于货运受理服务中心的另一部分，则按照现代企业制度整合成若干类似三大专业运输公司的货运运营公司。以上三大专业运输公司与若干新增的运营公司（简称为"3+N"）构成铁路运营领域的骨干。运营业务公司化阶段的实质是在中国铁路总公司的框架下实现初步的、事实上的网运分离，以便为后续实现混合所有制、成为上市公司、采用市场手段推进改革提供有利条件。

第三步即网运分离阶段。将第二阶段中国铁路总公司及 18 个铁路局集团孵化出的一大批运营公司推向市场，除部分需兜底公益性运输的客货运营公司外，其余全部流转为社会资本控股或参股的股份有限公司（若具备条件可上市），并允许各类社会资本举办铁路运营公司，铁路运营作为"竞争性业务"彻底面向市场开放，实现较为彻底的网运分离。此时，兜底公益性运输的运营公司应实现国资控股的混合所有制改革，并从中国铁路总公司控股划转为中国铁投（或中铁国投）控股（也可以在第五步铁路国有资产管理体制改革实现），18个铁路局集团不再继续参股。

在条件成熟时，可出台法律法规禁止剥离了运营业务的中国铁路总公司及18个路局直接面向货主或旅客从事运输业务。这一阶段仍要发挥中国铁路总公司和铁路局现有体制的作用，并以产权流转来获得股权变现，不仅建立了混合所有制，而且为解决铁路中长期债务提供了可靠途径。

第四步即路网整合（路网资源整合）阶段。将工务、电务、供电合并为工电综合段，推进实施工务、电务、供电、通信多工种管理综合化、维修一体化和大修专业化；对剥离了运营业务的中国铁路总公司实施全国路网整合，成立中国铁路路网集团（股份）有限公司（简称中铁路网），实现路网统一。

第五步即铁路国有资产管理体制改革。在对路网进行整合，成立中国铁路路网股份有限责任公司之后，以中国铁路总公司旗下中国铁路投资有限责任公司（简称"中国铁投"）为基础成立中国铁路国有资本投资运营公司（"中铁国投"），并将其划归财政部或国资委，将中国路网、中国中车、中国通号、中国中铁、中国铁建等铁路行业央企的股权由国家授权给中铁国投管理，同时中铁国投可引入其他行业央企以及地方国资增资入股。中铁国投可推动铁路各领域国有企业布局结构调整，同时按照市场化的运作方式进行投资运营。

第六步即配套改革阶段。在成立投资运营公司之后，继续进行一系列配套改革，通过推进铁路运价机制改革、健全多元化铁路投融资体制机制、完善公益性铁路提供机制、完善铁路行业管理和监管体制等，全面激发铁路发展活力、增强行业竞争力和持续发展能力，使铁路企业真正成为市场主体，形成统一开放、公平公正、有效竞争的铁路运输市场。

第二，铁路综合改革-左大杰方案将充分发挥市场机制作用。

"六步走"方案是"顶层设计+自下而上"的改革路径，高举低打，强调市场手段，社会资本进入铁路运营领域可行性大，竞争性业务能够充分放开。而且，整个深化铁路改革进程一直处于顺势而为的状态，以（路网）不变、少变应（运营）之万变，这对强化铁路改革安全基础、确保铁路改革顺利进行，具有极其重要的作用。

6.5.6　中国铁路总公司对改革有重要作用

当前，铁路改革的基本原则是以"铁路一张网"为前提，中国铁路总公司仍然保持对铁路运输统一调度指挥的职能。铁路企业的公司制改革本着先易后难的原则，分三步进行，中国铁路总公司所属的非运输企业将最先进入改革进程，其次是中国铁路总公司所属 18 个铁路局（公司），最后是中国铁路总公司。

第一步对中国铁路总公司所属非运输企业的公司制改革，目前正在按照中国铁路总公司制定的指导意见推进，中国铁路总公司要求具备条件的企业 2017 年年底前完成改制。这部分企业包括中国铁路建设投资公司、中国铁道科学研究院和《人民铁道》报社等 17 家。第二步是对全国 18 家铁路局和 3 家专业运输公司（中铁集装箱运输有限责任公司、中铁特货运输有限责任公司、中铁快运股份有限公司）的公司制改革，即对运输主业的改革。最后一步是改革最难的部分，即对中国铁路总公司的公司制改革。

中国铁路总公司在此次改制中明确，在领导体制方面，改制后的公司坚持党的领导，实行"双向进入、交叉任职"的领导体制；在决策机制方面，将党委会研究讨论作为董事会、经理层决策重大问题的前置程序，充分发挥党委会把方向、管大局、保落实的领导作用以及董事会的决策作用、经理层的经营管理作用、监事会的监督作用。这是贯彻习近平总书记对国有企业改革提出的"两个一以贯之"要求的具体体现，也是改制平稳推进的重要保证，必须始终坚持。

2017 年，中国铁路总公司确立了国铁企业公司制改革"三步走"目标并强力推进，2018 年年初 18 个铁路局已改制为集团有限公司，法人治理结构基本形成，新旧体制实现平稳过渡。与此同时，中国铁路总公司机关组织机构改革顺利完成，机关部门、内设机构、定员编制分别精简10.3%、26.6%、8.1%，6个所属非运输企业改革方案已批复实施。

笔者虽然对铁路改革充满了信心，但是也深知其艰难。任何能促进改革的积极因素都应该加以利用。中国铁路总公司体制作为现有体制，虽然其不足之处是显而易见的，但是其优势也是不言而喻的。

一是体制优势。

"中国铁路总公司+铁路局"体制存在了几十年，已经形成了相对固化的体制优势。"一支穿云箭，千军万马来相见"。在铁路领域，除了中国铁路总公司，还有哪个机构具有这样的体制优势？如果中国铁路总公司这样的体制优势不用来为全面深化铁路改革发挥作用，却在有些方案一开始就被撤销，实属可惜！

一方面利于改革进程的连续性。在"六步走"方案中，前两步由中国铁路总公司与18个铁路局集团根据中国物流市场发展趋势与铁路货运实际，以交叉持股的形式迅速成立一大批运营类公司，这些运营类公司的控股股东、大股东甚至全部股东都是中国铁路总公司与18个铁路局，广大干部职工心理上更能接受。这两个阶段的工作与当前铁路货改、客改是一致的。第三步"网运分离阶段"、后续阶段只需顺势而为即可，无须额外资源推动，因此有利于改革进程的连续性。

另一方面有利于改革尽早启动。成立一大批具有现代企业特点的运营类客货运公司，估计能够控制在两年之内完成；接下来两到三年间，可适时选择优质的客货运运营企业在内地、香港或国外实现IPO，则混合所有制得以完成，社会化融资亦可取得重要进展。

二是政治优势。

中国铁路总公司及其210万干部职工这支队伍，默默奉献，埋头苦干，刻苦钻研，奋力创新，在短短的十几年里取得了令人瞩目的成就，特别是中国高铁已经成为享誉世界的国家名片，多次受到党和国家领导人的高度肯定，如果没有中国铁路总公司体制的政治优势，几乎是不可能完成的。在其他行业不断改革的十几年里，铁路却在专注于技术，埋头发展多一些，思考改革少一些。我们相信，一旦铁路改革顶层设计予以明确，只需一声令下，中国铁路总公司将充分发挥政治优势，在改革进程中发挥前所未有、不可替代的重要作用。

三是认同优势或者文化优势。

"中国铁路总公司+铁路局"体制存在了几十年，已经在广大铁路干部中形成了强烈的归属感与认同意识。对于很多铁路干部职工来说，成立这样或那样的很多公司，而中国铁路总公司却没有了，或要自己离开中国铁路总公司了，那是一件十分恐怖的事情。破坏了铁路干部职工的归属感与认同优势，有可能会对全面深化铁路改革带来不必要的阻力。相反，如果在中国铁路总公司的框架下，由中国铁路总公司与18个铁路局交叉持股，迅速成立一大批运营类公司，这些运营类公司的控股东、大股东甚至全部股东都是中国铁路总公司与18个铁路局，广大干部职工心理上更能接受。

鉴于中国铁路总公司具有体制优势、政治优势和文化优势，建议在铁路改革顶层设计中鼓励中国铁路总公司积极发挥作用。在提出的"四步走"方案中，前两步即"改革准备阶段""运营业务公司化阶段"两个阶段，完全可以都在中国铁路总公司及其所属18个铁路的框架内实施，以充分发挥现有铁路体制的作用；而第三步"网运分离阶段"前半段也可以在中国铁路总公司及其所属18个铁路的框架内实施，待时机成熟时出台相关法律法规，可以要求中国铁路总公司彻底退出运营类公司股份（此为可选项，应由高层决策），此时中国铁路总公司已经在事实上"瘦身"成为"中国铁路路网总公司"，各铁路局成为路网公司的"分公司"；第四阶段即"路网整合"，由名义上的"中国铁路总公司""铁路局"（事实上的"中国路网总公司"及其分公司）来实施，目标是重组为"中国铁路路网（集团）股份有限公司"。

在上述过程中，中国铁路总公司一直发挥积极作用，直至最后"瘦身"成为"中国铁路路网（集团）股份有限公司"。不管铁路改革进程如何设计，资本证券化如何推进，始终使"1个中国铁路总公司+18个铁路局"在调度指挥业务上处于相对稳定的状态，铁路的其他各项改革始终处于顺势而为的状态，以铁路路网之不变、少变应运营改革之万变，这对强化铁路改革安全基础、确保铁路改革顺利进行，具有极其重要的作用，也是"安全为本"改革原则的具体体现。

当然，加强铁路改革进程中的监督、监管是十分必要的。在上述四个阶段中，在充分发挥中国铁路总公司积极作用的同时，应该设置一个独立于中国铁路总公司系统的铁路改革监督委员会，其职责是监督中国铁路总公司主导的铁路改革符合铁路顶层设计的要求，特别是要防止国有资产流失。

6.6　本章小结

本章对全面深化铁路改革的三类备选方案（区域分割方案、网运分离方案、综合改革方案）进行了归纳与分析，主要研究结论与进一步研究方向如下：

一是区域分割方案能够以行政命令形式快速推进，而网运分离方案有利于吸引社会资本、有利于提高效率、有利于加强竞争。但区域分割可能形成新的运输壁垒并危害国家安全，所谓的区域竞争也难以实现；网运分离虽然弥补了上述不足，但对当前铁路投融资体制亟须深化、中长期债务难以处置等突出问题缺乏解决方案。而且，上述两个方案均对十八届三中全会以后党和国家全面深化改革的有关精神贯彻不够，在指导思想上均具有局限性。因此，这两个方案不宜成为全面深化铁路改革的优先方案。

二是综合改革-左大杰方案坚持以十八届三中全会精神为指导，主张实施基于统分结合的网运分离，并在铁路现代企业制度、混合所有制改革方式、中长期债务处理方式、投融资体制改革、公益性补偿机制、改革保障机制等方面提出实现一系列解决方案，改革思路具有先进性，改革进程具有持续性。因此，建议将综合改革-左大杰方案作为当前全面深化铁路改革的优先方案。

三是由于铁路改革的复杂性，确定改革目标只是全面深化铁路改革的第一步。建议下一步加快铁路改革顶层设计、铁路现代企业制度、铁路投融资体制改革、铁路混合所有制、铁路中长期债务处理、铁路公益性补偿机制、铁路改革保障机制等方面的研究，尽快形成改革具体方案，力争在党和国家确定的时间节点内实现全面深化铁路改革的新突破。

第 7 章　铁路改革目标路径的保障机制

　　我国铁路改革面临各种各样复杂的挑战，是一个漫长的过程，为了实现我国铁路改革的目标，稳步实施改革路径，应该从坚持党的领导、顶层设计、政策保障、立法保障、人才保障、社会舆论保障及相关配套改革七个层面形成长效的保障机制，从而保证我国铁路改革的顺利实施。

7.1　坚持党的领导

　　铁路改革目标与路径的确定与实施，必须建立在坚持党的领导这一大前提之下。2015 年 9 月，中共中央、国务院印发了《关于深化国有企业改革的指导意见》（以下简称《指导意见》），这是新时期指导和推进国有企业改革的纲领性文件，其中把"坚持党对国有企业的领导"作为几大基本原则之一，并把"加强和改进党对国有企业的领导"作为整个文件的八大部分之一。中共中央办公厅随后印发的《关于在深化国有企业改革中坚持党的领导加强党的建设的若干意见》（简称《若干意见》），对在深化国企改革中进一步坚持党的领导、加强党的建设提出要求并做出部署。我们必须清醒、深刻地认识到，面对关于国企改革的种种噪声、杂音，真正做到进一步坚持和加强党的领导，是深化国企改革必须坚守的政治方向、政治原则、政治底线，是我们在深化国企改革中始终保持强大的政治定力和坚定的政治清醒的重要前提和根本保障[56]。

7.1.1　党对铁路改革的领导

2016 年 10 月 11 日，习近平总书记在全国国有企业党的建设工作会议[57]上强调：坚持党对国企的领导不动摇。要通过加强和完善党对国有企业的领导、加强和改进国有企业党的建设，使国有企业成为党和国家最可信赖的依靠力量，成为坚决贯彻执行党中央决策部署的重要力量，成为贯彻新发展理念、全面深化改革的重要力量，成为实施"走出去""一带一路"建设等重大倡议的重要力量，成为壮大综合国力、促进经济社会发展、保障和改善民生的重要力量，成为我们党赢得具有许多新的历史特点的伟大斗争胜利的重要力量。坚持党的领导、加强党的建设，是我国国有企业的光荣传统，是国有企业的"根"和"魂"，是我国国有企业的独特优势。

2017 年 9 月 17 日，中国铁路总公司在北京召开了党建暨公司制改革工作会议，总公司党组书记、总经理陆东福强调，要深入学习领会习近平总书记系列重要讲话精神，认真贯彻落实党中央、国务院加强国有企业党的建设、深化国有企业改革的决策部署，进一步增强"四个意识"，提高政治站位，以"两个一以贯之"为统领，紧扣"强基达标、提质增效"工作主题，扎实做好党建和公司制改革工作，奋力开创国铁企业改革发展新局面。我们要以"两个一以贯之"为统领，坚持党对国铁企业的领导这一重大政治原则，不断强化企业党组织领导核心和政治核心作用，保证党和国家方针政策、重大部署在铁路企业得到坚决贯彻执行，保证铁路改革发展的正确方向；坚持现代企业制度改革方向不动摇，积极稳妥推进公司制改革，落实铁路企业市场主体地位和责任，增强企业发展的内生动力、市场活力和抗风险能力。

7.1.2　坚持党的领导的重要性

坚持党的领导一直是我国国企改革的优良传统。改革开放 40 年来，我国国企改革在党的领导下取得了重大成效，并形成了宝贵的改革经验。党的十八大以来，党中央高度重视国企改革，做出了一系列重大决策部署，走出了一条顶层设计与基层实践相结合的全新的改革道路，国企改革顶层设计基本完成，改革系统性、整体性、协同性不断增强，重点、难点问题不断取得新突破。

铁路作为国企改革的重要板块，在确立其改革目标与路径的过程中，坚持党的领导具有重要指导意义。过去国企改革也一直在党的领导下进行，很多行业（特别是电信行业）的改革在探索了多种目标与路径的基础上，才取得了目前的改革和发展成绩。党从这些行业改革的目标与路径的实践中不断丰富和发展国有企业改革的理论，这些理论对全面深化铁路改革目标与路径的选择，让铁路改革少走或者不走弯路，具有重要的指导意义。

在铁路改革的推进中，坚持党对铁路企业的领导不动摇，还可以充分发挥铁路企业内党组织的领导核心和政治核心作用，使铁路能够按照平稳有序的改革路径稳步向前推进，保证党和国家的各项改革方针、重大战略部署在铁路企业贯彻执行，确保铁路服务生产经营不偏离，最终实现铁路改革目标。

7.1.3 坚持"稳中求进"的总基调

"稳中求进"是整个铁路改革目标与路径总体设计坚持的一个重要基本原则。

习近平总书记在党的十八届三中全会第二次全体会议上的讲话中说道："我国是一个大国，决不能在根本性问题上出现颠覆性错误，一旦出现就无法挽回、无法弥补。下一步改革将不可避免触及深层次社会关系和利益矛盾，牵动既有利益格局变化。全面深化改革涉及面广，重大改革举措可能牵一发而动全身，必须慎之又慎。在越来越深的水中前行，遇到的阻力必然越来越大，面对的暗礁、潜流、漩涡可能越来越多。现阶段推进改革，必须识得水性、把握大局、稳中求进。"2016年，中央经济工作会议强调，稳中求进工作总基调是治国理政的重要原则，也是做好经济工作的方法论。

在改革时机上，我们认为"十三五"期间是当前铁路改革不容错过的良机。如果维持铁路现有体制直至2030年远期规划目标实现之后再实施改革，那么我国铁路用工将出现"先急升、后骤降"现象：

首先，从 2016 年约 210 万人"急升"为 2030 年约 350 万人，如果职工队伍与发展规模不相适应，必将带来巨大安全风险；然后，从 2030 年改革前约 350 万人"骤降"为改革后约 200 万人，铁路将有 150 万职工面临巨大失业风险[①]。

"十三五"是全面深化铁路改革的最佳时间窗口。一是十八届三中全会通过的《关于全面深化改革若干重大问题的决定》为全面深化铁路改革提供了行动指南；二是铁路发展所需人员增量与铁路改革所需调减的人员数量恰好抵消，有效减弱甚至消除改革带来的稳定风险；三是关键领域深化改革取得突破，特别是通信领域成立铁塔公司的共享竞合模式已经成为国企改革的三大范式之一，为深化铁路改革提供了经验借鉴；四是当前铁路一系列深层次问题十分突出，倒逼铁路系统内部改革的呼声日益增高，夯实了全面深化铁路改革的民意基础；五是近年来铁路快速发展为改革提供了坚实的物质保障。

在改革目标上，本书从统筹全局的角度，整体设计，全面推进，将全面深化铁路改革的主要目标归纳为 12 个方面：确定铁路的国家所有权政策；妥善处置铁路网运关系；建立铁路现代企业制度；实现铁路混合所有制；改革铁路投融资体制；有效处置铁路债务；制定铁路运输定价机制；建立铁路公益性补偿机制；制定铁路企业运行机制；健全铁路监管体制；完善铁路改革保障机制；明确铁路改革目标路径。

12 个改革目标有其先后、缓急之分，层层铺垫，步步递推。在这 12 个方面中，隐含着"国家所有权政策层面""国有资产管理体制层面""企业治理结构层面""企业运行机制层面"这四大国企改革层面的内在逻辑。铁路国家所有权政策是一切改革的基础，明确了铁路国家所有权政策之后，对铁路进行网运关系调整，是实施国家铁路所有

---

① 测算依据如下：① 我国铁路目前用工率约为 17.4 人/千米，在达到 2030 年远期规划目标 20 万千米时需用工约 350 万人；② 德国铁路在实施网运分离改革后用工率约为 5.36 人/千米，日本铁路在实施区域分割改革后用工率约为 8.94 人/千米，参考德、日等世界主要国家铁路平均用工水平，并预留一定人员余量，我国铁路用工率可取为 10 人/千米，在达到 2030 年远期规划目标 20 万千米时仅需用工约 200 万人；③ 如果 2030 年铁路用工达到 350 万人再实施铁路改革，届时将有 150 万铁路职工面临巨大失业风险。

权政策，解决铁路其余深层次问题的破门之斧，也是深化铁路改革的首要关键问题。铺垫好了铁路国家所有权政策和铁路网运关系调整这两块基石，后续改革就有了最深层次的依据和深入推进的条件。

在改革路径上，充分发挥现有体制的优势，力争减少改革"震荡"，尽量平稳过渡。在改革"六步走"的前四步，都依托中国铁路总公司，充分发挥其体制、政治和文化优势，逐步推动改革进程。另外，在中国铁路国有资本投资运营公司的成立时机上，也充分考虑了其与中国铁路总公司的关系，在合适的时机成立该公司，避免改革任务与利益的交叉干扰，稳步推进铁路改革。

7.2　加强顶层设计

日本国铁 1987 年正式实施的改革，是在经过了较长时间的酝酿和准备，成功进行方案设计和具体法律制定基础上，分层次渐进推进的，并成立了"临时行政调查会"和"国铁再建监理委员会"为改革领导机构，全面组织协调铁路改革。

美国铁路改革和日本铁路改革不同，并没有在一开始就有一个总的方案，而是逐步实践来的，每一项改革目标的实现时间跨度很长，中间步骤很多，不是一蹴而就的。

从日本和美国铁路改革的经验来看，为避免改革持续时间过长，我国铁路改革应加强顶层设计，全面统筹安排改革各项事宜。

各地区各部门要充分认识全面深化铁路改革目标实现的重要性和紧迫性，合理优化分工与协作，制定具体工作方案，明确任务分工、时间节点，定期督查、强化问责，确保铁路路径稳步推进。国务院投资主管部门要切实履行好投资调控管理的综合协调、统筹推进职责。

在市场经济意义上，我国铁路企业缺少市场化运作的经验，政府监管机构缺少对铁路行业市场化管制的经验，铁路市场远未达到成熟的阶段。加之铁路企业界限不清等经营现状，表明中国的铁路改革将是一个比较漫长的过程，不可能一步到位，其经营状况的改善需要做大量复杂、艰巨的工作，需要中国铁路总公司及地区各部门协同工作。

　　铁路改革需要一个过程，不顾中国铁路经营现状是否改善而一味强调充分竞争，则必然导致整个铁路行业秩序的混乱。反之，无视铁路经营现状，而力图保持局部乃至全行业的垄断（竞争不充分或没有竞争），则将阻碍铁路行业市场化的进程和铁路行业的长远发展。

　　铁路体制改革是一项系统性工程，要在各方共识的基础上有序、有效、稳妥推进。在实现铁路改革众多目标的过程中，可采用逐步扩大试点范围的实施方式。例如，对一些相对独立运行的铁路货物运输公司的重大改革事项，可以先进行试点，在总结试点经验和修改完善相关法律法规的基础上再全面推开。

7.3　加强政策保障

　　为实现铁路改革目标，需要把政策支持和市场机制有效结合起来，国家可以通过制定一系列政策来为铁路改革提供保障、增加活力。下面从实现铁路目标与路径的总体政策保障和关注度比较高的公益性补贴政策、税收优惠政策以及运价政策三方面进行阐述。

7.3.1　铁路目标与路径的总体政策保障

　　2013 年以来，党中央、国务院颁布了《关于深化国有企业改革的指导意见》，出台了 22 个配套文件，形成了"1+N"政策体系，我国国企改革顶层设计基本完成。

　　虽然党中央、国务院在分类推进国有企业改革、完善现代企业制度、完善国有资产管理体制、发展混合所有制经济、加强和改进党对国有企业的领导等方面的改革指导意见涵盖了对铁路企业改革的指导，但由于我国铁路体量庞大，改革任务艰巨，铁路在国家政治、军事、经济中的地位十分重要，国家应针对铁路的改革实际，就铁路的改革目标与路径做出具体的政策指导。

　　（1）以国家政策文件的形式，明确铁路改革的目标。这既是加强铁路改革各项目标实现的政策保障，也是加强全面深化铁路改革的顶层设计，为后续铁路改革工作的深入明确了发展方向、提供了发展依据。

（2）以国家政策文件的形式，明确铁路改革的路径。铁路改革在实际推进的过程中有许多复杂而具体的问题，以国家政策文件的形式，明确铁路改革的路径，应是一个大体的、方向性的路径指导，既能防止我国铁路改革"走弯路"，又可赋予铁路改革实际工作的开展一定的灵活性。

7.3.2　给予公益性补贴政策

铁路公益性运输主要是指铁路运输企业提供的可以使国家或公众整体获得利益，但铁路运输企业却没有获得足够的经济补偿或回报的运输项目。其主要包括军事物资、扶贫救灾、军人残疾人和在校学生等大量非营利性的公益运输项目以及偏远山区等公益性铁路运输线路，公益性线路往往建造成本高、运营成本大、收益率低。

铁路公益性补偿的主要形式包括政府财政拨款、财政贴息、投资融资、税收政策、无偿划拨非货币性资产以及其他各类优惠扶持政策等。

在国外，除印度等少数国家外，绝大多数国家政府都对铁路提供的公益性运输给予补贴，发达国家政府对铁路承担的公益性运输，如完成亏损性客运业务、亏损性支线的运营、遵守限价规定以及以优惠价格运送物资等，普遍给予公开的财政补贴。补贴的方式主要有：以政府财政拨款的方式弥补铁路企业亏损；由中央政府或地方政府出资购买公益性运输服务等。

美国铁路的公益性运输主要体现在客运业务上。铁路客运由于连年亏损，长期依赖于联邦政府给予设备投资和运营补贴。美国铁路货运公司则依靠自营收入和外部融资，基本上有能力完成自我生存与发展，其经营不需要政府的补贴。

美国政府为改善铁路经营状况，将具有公益性运输特点的客运从各个铁路公司中分离出来成立了 Amtrak 公司。1979 年，美国国会通过法令规定了 Amtrak 公司的亏损标准，其成本的 50% 由政府补贴。此外，如果 Amtrak 公司增加额外的运营服务，则应当由当地政府承担 70% 的运营亏损，Amtrak 公司承担剩下的 30%。Amtrak 公司平均每年接受大约 10 亿美元的联邦政府资金和补贴，而且政府的补贴以一个整体的形式给予 Amtrak 公司，没有给具体的业务规定补贴指标，无法形成有效激励机制，降低了政府补贴的效率。

因此，我国在制定铁路公益性运输补贴政策时，应当尽量避免 Amtrak 公司所产生的问题，应该建立科学合理的公益性补贴机制，明确公益性运输补贴的范围，有效地制定补贴政策，最大限度地激励铁路企业的积极性。

目前，我国铁路系统对公益性运输问题的主要解决方式是实行交叉补贴，通过经营性运输的利润去弥补承担公益性运输所造成的亏损，包括路局之间的交叉补贴，运输服务项目之间的交叉补贴。

除了交叉补贴外还包括税收减免及铁路建设基金[58]。这三种补偿方式已经对我国铁路以及地方区域建设起到了一定的推动作用，减轻了铁路企业的经营和投资压力，具有一定的科学性和合理性，但同时也存在一定的弊端，在近年来的具体实施过程中出现了不少问题。

交叉补贴最主要的弊端是对铁路提供的不同运输产品价格的扭曲，造成铁路运输网络中的运输企业无法获得真实的收入和盈利水平。同时还可能造成以下影响：

第一，公益性运输与铁路内部的交叉补贴密切相关，在铁路公益性和经营性运输没有界定清楚的情况下，在原铁道部体制下，铁路需要用盈利的业务来补贴亏损的业务，特别是要用经营性业务的盈利，来填补公益性运输的亏损。受此影响，铁路企业得不到有效的生产经营激励，导致经营效率不高。

第二，在交叉补贴的机制下，铁路企业出现的亏损即使是自身经营问题造成的，但也可能存在声称亏损由公益性运输导致而向政府提出补贴要求的道德风险。在公益性与经营性运输界定不清的情况下，政府很难对铁路企业进行有效的监督和激励。

第三，铁路企业内部交叉补贴制度降低了铁路企业的总收益率，难以对其他经营主体和外部资金形成足够的吸引力。因此，在市场经济条件下，让铁路运输企业完全承担公益性运输服务亏损显然是不合理的。通过前面的分析我们可以看出，代表社会整体利益的政府应承担起对公益性运输服务进行适当补贴的责任[59]。

在市场经济体制下，作为一个参与市场竞争的服务型企业，铁路运输业仍实行"交叉补贴，内部消化公益性亏损"的方式承担社会职责，铁路运输服务的质量、稳定性以及依赖性均会因此受到影响，不利于铁路运输业的长期发展，不利于铁路运输服务质量的改善和资源的有效配置，也有悖于市场经济的基本原则。

在铁路改革目标与路径中，国家合理的公益性补贴政策是推动铁路网运分离、实现市场化运营的关键保障。

国家应当按照当前市场定价对公益性铁路或运输给予适当补偿，特别是竞争性充分、经济效益好的线路，政府应当充分发挥补偿责任主体地位，按照市场运作规律，保证运输企业的效益和效率。

《国务院关于组建中国铁路总公司有关问题的批复》国函号中明确表示："对于铁路承担的学生、伤残军人、涉农物资等公益性运输任务，以及青藏线、南疆线等有关公益性线路的经营亏损，研究制定铁路公益性运输补贴政策，研究采取财政补贴等方式，对铁路公益性运输给予适当补贴。"

加强铁路公益性运输补贴政策保障，应做好以下工作：

1. 科学合理界定公益性铁路和公益性运输

建立铁路公益性补偿机制的首要任务是界定公益性铁路与公益性运输。

（1）我国铁路的公益性铁路是指产生的社会效益大于经济效益的线路，主要服务于国家稳定、国土开发、民族团结等。以偏远地区、山区的铁路为典型，这类公益性铁路建设项目投资大，运营成本高，资本沉淀周期长，建成后的经济效益低，后期收益能力通常无法得到保障，建设应当以国家投资为主。

（2）铁路公益性运输可分为两类：一是公益性铁路运营，包括市郊铁路、支线，这部分线路运营经济效益差，国家通过直接财政补贴运输企业，可根据线路运营实际情况引入社会资本，有利于提高公益性运营效率和资本利用率，减轻财政补贴负担；二是铁路承担的公益性运输项目，包括学生、伤残军人运输；抢险、扶贫救灾物资运输；支农物资运输；军事物资运输；军运客运；特种物资运输。

2. 建立铁路公益性运输数据库

在公益性与经营性交织在一起的情况下，政府很难对铁路部门进行有效的激励和监督。政府无法对公益性铁路运营的亏损状况进行较好的监督，不利于相关优惠政策的制定，同时铁路内部转移支付维持公益性铁路运营的处理方式无法得到长期保障。因此，建立铁路公益性运输数据库对处理铁路公益性问题而言显得尤为重要。

通过收集各类公益性运输的数据，建立铁路公益性运输数据库，可以进行详细的亏损核算，可以科学评价相关财政情况，并且基于公益性运输数据库可以制定相应的补偿标准，为国家制定铁路相关公益性补贴政策提供依据。

3. 明确铁路公益性补偿主体和对象

铁路公益性补偿政策的制定与实施中存在补偿对象和补偿主体不明确的问题，依据相关的资料明确公益性补偿主体和补偿对象十分重要。

公益性问题既是一个社会民生问题，也是一个经济问题，明确主体和对象一方面就是要确定双方在社会中扮演的角色，规范双方应承担的社会责任与义务；另一方面就是要明确双方的经济关系，通过博弈的方法将经济效益与实际问题的处理效率最大化。在研究的整个过程中，秉持"谁受益，谁补偿"和"谁提供，谁被补"的原则。

在铁路公益性以及经营性两种性质的界定上需要通过一定的手法判断公益性程度，借以明确哪些才属于补偿对象，分析补偿对象的社会效益与经济效益，科学确定各类补偿对象的补偿方法以及补偿程度应达到的水准。同时，社会和政府作为铁路公益性的受益者，既应制定出公益性损失问题的解决对策，还应发挥其主导作用，引导社会积极参与，共同建设铁路公益性事业。

4．建立合理的铁路公益性补偿经济标准核算方法

目前，铁路系统实施的仍是原铁道部时期所采用的以交叉补贴为代表的内部转移性支付管理方法，通过经营性线路和公益性线路的财务在内部实现平衡。虽然这能够保证各条铁路线路的正常运行，但各条线路的收益回报难以独立核算，难以核算企业内部具体的财政情况，既不利于公益性相关数据的获取，也成为引导社会资本进入铁路领域不得不面对的一大障碍。

究竟公益性业务是什么，具体范围如何衡量，铁路公益性运输与商业性运输收益核算模糊的问题如何解决，在公益性企业中又如何对公益性业务进行成本、投入以及损失的核算？这些问题的解决无论是在理论上，还是在实践应用上都具有非常重要的研究意义。过去的管理运营模式下，公益线路的财政状况核算方法复杂，成本高，核算结果不准确，甚至还可能出现财政欺骗等状况，相当不利于补偿机制的制定。

2013 年铁路政企分离以来，包括《国务院关于改革铁路投融资体制加快推进铁路建设的意见》在内的国务院发布的多项文件中，均提出了要建立健全核算制度，形成合理的补贴机制，针对的正是这些问题。因此，设计出一套适应于当下经营管理模式和经济格局的经济核算方法刻不容缓。

5．建立铁路公益性补偿监督和评价制度

明确了我国铁路的公益性性质，依据科学有效的铁路运输企业公益性经济标准核算方法，应建立起与公益性补偿机制相匹配的监督、评价制度。政府作为公益性补偿的主体，是补偿政策的主要制定者，无论采用何种补偿方式，我们都应将补贴与效率激励和对铁路的监督相结合，争取让铁路企业提供低成本、高质量的公益性运输服务。相应的监督与评价机制，不仅仅是政府及其下属管理机构应履行的职责，同时也为公益性补偿管理到位提供了具体保障，确保补偿方案能够实实在在地发挥作用。

7.3.3 给予税收优惠政策

2013 年国务院办公厅发布的《国务院关于组建中国铁路总公司有关问题的批复》中明确提出，中国铁路总公司组建后，继续享有国家对原铁道部的税收优惠政策，国务院及有关部门、地方政府对铁路实行的原有优惠政策继续执行，继续明确铁路建设债券为政府支持债券。对企业设立和重组改制过程中涉及的各项税费政策，按国家规定执行，不增加铁路改革成本。

针对运输企业采取相互付费收支免征增值税措施。鉴于铁路融资主体日趋多元化，势必会导致相异的资本主体所投资的企业之间因为相互占用铁路资源进而产生相互付费收支现象。据营业税暂行条例规定，联运业务可扣除其支付给其他单位或者个人的运输费用后的余额作为营业额，然而相互收支费用不算在联运业务内，这必将导致重复征税的状况，进而加大了铁路运输企业的总税额。

针对高新技术铁路装备制造企业实行减免企业所得税措施。国家政府需要对那些采用高新技术的公司重点照顾，大力扶持这些生产设计用在速度 200 km/h 及以上铁路装备的公司，实施相关政策降低或者免去其税务。

加大铁路投资项目的税收抵免范围。国务院批准颁布的《安全生产专用设备企业所得税优惠目录（2008 年版）》中明确提到可以将铁路购买的安全生产专用设备作为税收抵免，但是鉴于较少的优惠项目，促使铁路交运企业没有从其中获得实实在在的利益。因为铁路行业涉及面较广，对于铁路建设的投资以及所应用的技术，都与环境保护、安全生产以及节约能源等相关联。所以，完全能够实行扩大铁路投资项目的税收抵免政策，进而大力吸引社会资本投入，加快铁路的建设速度。

铁路新线试营运期间免除营业税及企业所得税。针对那些新线路在最初的临管运营取得的收入，按照国家对青藏铁路公司的规定免除各种税。

设置铁路建设项目相关用地优惠方案。由于铁路建设项目属于大规模工程，无论从哪方面考虑都需求较大，其中建设过程中涉及的用地是核心因素，急需国家推出相关的用地优惠方案。其一，在全国各等级区域的土地规划中将铁路建设所用土地纳入相关建设预期准备中；其二，学习国外在顺应铁路快速发展阶段实施的优惠政策，开放给铁路部门必要的土地开发权，进而增强铁路的带动能力，加快铁路发展。

7.3.4　调整运价管控政策

党的十八届三中全会报告明确提出"使市场在资源配置中起决定性作用。完善主要由市场决定价格的机制。凡是能由市场形成价格的都交给市场，政府不进行不当干预。推进水、石油、天然气、电力、交通、电信等领域价格改革，放开竞争性环节价格。"根据十八届三中全会全面深化经济体制改革的相关要求，按照市场化方向，国家加快推进铁路运价改革。

自 20 世纪中期统一铁路运价以来，我国一直实行政府定价，政府定价主要体现在运价率的制定上。铁路运输价格根据运输对象、运输工具、运输成本等方面不同，分为客运价格体系和货运价格体系。

2014 年以来，国家陆续出台加快推进铁路运价改革的多项举措。2014 年 2 月，《关于调整铁路货物运价有关问题的通知》，提出将铁路货物运价由政府定价改为政府指导价，国铁普通运营线以国家规定的统一运价为上限，铁路运输企业可以根据市场供求自主确定具体运价水平。2014 年 12 月，《关于放开部分铁路运输价格的通知》提出放开铁路散货快运、铁路包裹运输价格，以及社会资本投资控股新建铁路的货物运价、客运专线旅客票价 4 项具备竞争条件的铁路运输价格。2015 年年初，铁路运价改革迎来关键性进展。国家进一步完善铁路价格形成机制，对铁路货物运价首次实行上下浮动的价格调整机制，允许企业在上浮不超过 10%、下浮不限的范围内，根据市场供求状况自主确定具体运价水平。

相比铁路货运价格改革，我国对铁路客运改革比较审慎。国家发改委 2015 年 12 月才出台了《关于改革完善高铁动车组旅客票价政策的通知》，赋予了中国铁路总公司对高铁的自主定价权，从 2016 年 1 月 1 日起放开高铁动车票价。但对于其他铁路客运，比如，承担普遍服务职能的普通客运的价格并没有放开。

我国铁路运价传统管理方式为政府管制铁路运输企业限制运输价格，体现运价管理中的政府主导行为。在实现网运分离，铁路运营全面向社会开放，铁路运营领域充分实现市场化竞争的目标后，这种管理模式应由政府主导转变为市场主导。

铁路运输企业运价制定应主要受运输市场中供需和竞争关系的影响：企业自主调整运价适应市场、市场供需变化影响运价调节，国家政府部门根据市场信息的反馈仅采取宏观的调控手段而不占有定价权职。

要确立铁路运输企业的定价主体地位，实现定价主体的步骤转移，铁路运输企业是市场经营的主体，充分享有对其产品的定价权。

第一步是扩大运输企业的定价权限，国家控制运价的总水平并限定运价的上、下限度，具体运价由铁路运输企业结合经营情况在限定范围内自行调整。

第二步是大部分定价权向铁路运输企业转移，国家主管部门按授权区别性地控制不同运输市场——针对部分具有重要战略意义或不够成熟的运输市场，保持对铁路运输企业市场运价制定的上、下限度控制，放开大部分成熟市场铁路运输企业自主定价权，并由国家主管部门和铁路运输企业自身设立的监管部门对运价行为进行监督。

第三步是全面放开铁路运价，由铁路企业自主定价，国家及政府主管部门仅对运价进行监督、宏观干预和调控，同时修改《铁路法》，使其与《价格法》《合同法》《企业法》相衔接，以法律形式确保运输企业定价主体地位。

在此期间，还可建立铁路运价综合评价调整机制，在一定的运价管理体制基本框架内设计一套完整的系统的铁路运价评价体系，并取得国家价格管理部门的认可。以指标参照系和相应的关系模型为依据，定期对铁路运价水平及其运动进行综合评价，根据评价结果确定调价水平，定期上报国家及相关部门。

7.4 加强立法建设

我国要实现全面深化铁路改革的目标，必须要完善相关立法工作，从法律层面确立相关改革措施的合法性。我国铁路专门法主要是《铁路法》，但其已经不能适应我国铁路改革的进程。此外，我国铁路规范性文件大多属于行政法规，甚至有些规定尚未做到规范化与体系化，因此迫切需要完善铁路法律体系。在铁路改革路径的实施过程中，需要制定相关法律条例来保障实施的力度，例如在实施路径的第三步——网运分离阶段，可出台法律法规禁止剥离了运营业务的中国铁路总公司及 18 个路局直接面向货主或旅客从事运输业务等。

7.4.1 加紧做好铁路改革的立法规划

由于铁路对国家、社会的重要意义，各国政府在铁路改革推进的过程中都发挥着积极的主导作用。尽管各国的国情、路情不同，各国铁路改革的背景和政策的取向有很大的差异，但其中有一条共同的经验值得我们借鉴，这就是依靠政府的支持，确立铁路改革的法制先导地位。即通过制定与铁路改革发展相配套的政策、法律、法规和规章，以立法来推进铁路改革目标和路径的顺利实施。20 世纪 80 年代以来，西方许多国家普遍推行的铁路制度性改革，无不体现出这种依靠立法推进改革、依靠法制保障改革目标实现的经验。

德国内阁于 1992 年 7 月 15 日做出了关于合并联邦铁路和民主德国铁路，并把它们转变成一个股份公司的政策性规定。要求交通部起草并提交关于铁路改革的必要议案，包括对基本法进行必要的修改，且明确要求在 1 年内完成立法程序。随后德国交通部制定了铁路改革所需的法规，除了基本法的修正案外，还形成了德国铁路改革的整套法规及包含 6 个议案在内的题为"关于重组铁路的议案"的独立法规。德国内阁于 1993 年 2 月 17 日批准了交通部关于铁路改革的一系列议案，由此启动了德国铁路改革的实际立法程序。随后不久，德国联邦议院和联邦参议院依照法律程序通过了关于铁路改革的基本法修正案和铁路重组议案，完成了德国铁路改革的立法程序。

在德国铁路改革中，通过立法程序审议、批准改革方案，依据法律程序推进铁路改革，是其显著特色。为确立与铁路改革相配套的法律体系，德国政府修改了宪法的有关条款和 100 多条相关的法律、法规，形成了与改革相适应的法制环境，为铁路实现从政府机构向企业转变创造了前提条件。保障德国铁路改革的法律文件体系主要是由 6 个子法规组成的"铁路重组议案"，其内容包括：两德铁路合并重组法、德国铁路股份公司组建法、联邦铁路管理法、地方短途铁路客运管理法、通用铁路法、既有法律法规修正法。正是由于有了这一系列法律、法规的立法保障，使得德国铁路能够按照联邦铁路改革法律体系的要求，分阶段、系统性地稳步推进了德国铁路的改革。

法国铁路在改革前，根据 1982 年政府颁布的《法国国内运输方针法》规定，法铁公司是一家"大型国有工商企业，目的是遵循公用事业原则，经营、治理和发展法国国家铁路网"，实行集中管理体制。国家与法铁通过计划合同界定政府与企业的责、权、利关系。由于法铁长期实行政企合一的管理体制，存在着各种矛盾，使铁路陷入经营困境。

为促进铁路改革发展，法国总统于 1997 年 2 月 13 日颁布《改革铁路运输业，成立"法国铁路网公司"公共机构的政令》，对法国铁路的管理体制实行重大改革。主要是通过组建路网公司，把法铁公司原来承担的国家铁路网建设责任分离出来，法铁公司承担的职能相应调整为主要承担客货运输经营责任。为保证改革的顺利实施，法国议会同时修改了《法国国内运输方针法》，进一步从法律上明确政府与法铁公司各自的职能。显然，法铁公司之所以能够剥离政府职能，解除沉重的基础设施负担，真正实行自负盈亏、市场化经营，公平地参与运输市场的竞争，完全得益于立法推进与立法保障。

瑞典国铁的市场化改革进程是一个持续不断的革新过程。1963 年，瑞典议会通过了"交通运输政策决定"。自 20 世纪 60 年代以来，随着国家的社会经济和运输市场的变化，瑞典政府也不断通过议会立法调整其运输政策。特别是 1963、1979、1985、1988 年分别通过的 3 个运输政策法案和 1 个铁路法案，对铁路体制的变革具有很大的影响。

目前，我国铁路"网运分离"改革的总体走向已经明确，铁路改革将进入一个在总体部署下系统推进体制转换和结构调整的新阶段，铁路改革已进入关键时期。在市场经济条件下，不应该再重复早期商品经济在没有明确法规的条件下长久摸索的过程。为此，应积极借鉴国外铁路改革的立法经验，结合我国的国情和路情，按市场经济发展的要求，认真做好铁路改革的立法规划，尽快建立和完善我国铁路的法规体系，为铁路改革营造良好的法制环境。

加紧做好铁路改革的立法规划，提出铁路现代企业制度改革重组的一系列法律法规的议案。铁路主管部门应组织包括法律专家在内的专门班子，根据我国铁路改革的具体实际，抓紧做好下列法律法规的立法规划。

一是构建《铁路法》修正案。

《铁路法》是国家管理铁路的基本法律，是调整铁路与国家、企事业单位、其他社会团体和公民在铁路运营、管理、建设、发展、安全与防护等方面所发生的各种社会关系的法律规范。然而，由于我国现行《铁路法》是在计划经济条件下产生的，在新的历史条件下，有许多法律关系需要重新确立，有不少法律规定需要重新调整，所以制定《铁路法》修正案势在必行。该法案主要内容应包括：明确政府与铁路的相互关系；放松对铁路运输市场的经济管制；确立政府对铁路的社会管制和必要的调控责任；确认企业的市场主体地位；扩大铁路的对外开放和引入竞争机制等。修改《铁路法》中关于法律适用范围、市场主体、监管机构、管理体制、价格等方面的条款，使其适应新时期铁路市场化改革的需要。《铁路法》的适用范围应包括所有在中华人民共和国境内从事铁路运输建设、设备制造、运营服务的市场主体；应对铁路监管机构和铁路企业性质做出适当的规定；应体现中央政府和地方政府在铁路规划建设中的职责分工，体现国家对不同类型铁路区别对待的原则；应体现各市场主体平等准入、公平无歧视原则；放宽铁路运输价格限制的条款，在竞争领域允许市场自由定价，仅对存在自然垄断环节和特殊类别运输服务实行政府指导价格。除上述急需的法律议案外，《外商投资铁路法》《铁路安全与防护法》等对铁路改革与发展有重大影响的法律法规也应当抓紧做好立法规划。

二是构建铁路改革法案。

该法案主要应以法律形式明确我国铁路改革的目的和意义，规定铁路推进全面深化改革的目标和路径，主要应包括：铁路改革各阶段的改革目标与实施路径；各铁路运输企业、非铁路运输企业以及中国铁路总公司改制后形成的现代企业公司的运作管理；铁路国有资产所有权与经营权的确定；铁路国有资产的管理；铁路客货运公司与路网公司的职责范围；铁路投资运营公司的运作管理等。

在法律中明确确立政企分开的基本原则，依法明晰政企关系。我国《铁路法》规定铁路总公司以及国家铁路局负责铁路的运输、建设及其他相关行政职能，包括出台相关的铁路行政法规和部门规章等，因此我国铁路建设和运营呈现出基础性、公益性等多重属性。现代市场经济巨大的运输需求下，铁路作为市场经济体制下的主体之一，应该使其符合现代企业制度的要求，即产权明晰、权责明确、政企分开、管理科学等要求。彻底的政企分开将会有利于铁路企业成为真正的市场主体，同时促进铁路能够参与公平公正的市场竞争。现阶段铁路企业的管理架构下，铁路企业的运营承担了太多政府职能和社会职能，因此容易导致政府干预企业运营，企业的运营受政府政策性导向影响，缺失了企业以营利为目的的运营目标，从而导致铁路企业运营效率低下，企业盈利效益较低。

三是构建铁路股份公司组建法案。

该法案主要应对各铁路局改制后的各铁路公司的责任形态和组织形式等做出具体规定。其主要内容应包括：铁路货运公司依法组建成股份公司；国有资产参股的份额规定和资产转让的法律规定；员工的过渡；机构设置；董事会、监事会的产生及其职责；公司对国家承担的义务；法律责任等。

四是构建政府对铁路的行政管理法。

该法案主要为国家铁路局作为政府委托监管部门代表政府行使铁路事务监督权，进行宏观调控奠定法律基础。它应以法律的形式明确国家铁路局是国家铁路、地方铁路、合资铁路和外国公司在中国境内经营铁路运输业务的监督和审批机关。其主要内容应包括：批准境内铁路线路的建设计划；履行铁路运输监督任务，包括对技术问题和铁路设施的监督；决定经营者在铁路运输市场的准入与退出；依据其他法律法规行使铁路部门的主权、监督权和处置权，并履行有关铁路线路投资的财政协议；对违反法律法规的情况进行查处；对铁路发生的争议进行仲裁等。

立法应对改制后的铁路总公司的职能做出明确的规定。我国铁路的管理机构是铁路总公司和国家铁路局，铁路总公司下设由各个铁路局改制后的各个铁路公司，由各个铁路公司负责其辖区内的铁路运营工作。国家铁路局负责起草铁路监督管理的法律法规、规章草案，参与研究铁路发展规划、政策和体制改革工作，组织拟订铁路技术标准并监督实施；负责铁路安全生产监督管理，制定铁路运输安全、工程质量安全和设备质量安全监督管理办法并组织实施；组织实施依法设定的行政许可；组织或参与铁路生产安全事故调查处理；负责拟订规范铁路运输和工程建设市场秩序政策措施并组织实施，监督铁路运输服务质量和铁路企业承担国家规定的公益性运输任务情况；负责组织监测分析铁路运行情况，开展铁路行业统计工作；负责开展铁路的政府间有关国际交流与合作。铁路总公司应承担的行政职能应包括：对各铁路公司的运营进行监管；对铁路行业进行宏观调控；制定铁路行业的发展规划并指导规划的实施；制定铁路技术标准和运输服务标准并对这些标准的实施进行监督检查；协调铁路运输行业和其他运输行业间的关系；协调消费者和铁路企业间的关系，保护旅客的合法权益。

此外，立法应对国资委、财政部、发改委等机构的监督职能做出具体规定，以法律条文形式确保铁路改革中各监管机构有效履行监管职责，避免对铁路行业的监管流于形式。

五是构建铁路融资法案。

我国目前对铁路建设的融资模式还比较单一，现阶段我国铁路建设主要是以铁路总公司投资为主，地方政府及企业投资为补充，基本没有民间资本和外资直接投资于铁路建设；筹资渠道单一，即铁路建设资金主要来源于政府投入。因此铁路建设要构建多元化的投资主体、拓宽多种筹资渠道、形成多样性的融资方式。要逐步转变为以政府投资为引导，各类企业、投资机构、民间资本和外资等投入为主的多主体投资模式；要拓宽筹资渠道，逐步拓宽财政投入、企业投资、利用外资和民间资本等多种渠道。

六是规定竞争价格机制法案。

规定竞争价格机制，更好地参与运输市场竞争。铁路运输因其本身具有便捷、高速、运输量大等特点，在运输市场中占据着重要的位置。现阶段我国市场经济快速发展，运输市场进一步开放，铁路运输面临的形势也十分严峻，尤其是客运业务，随着航空运输的配套逐步完善和价格日趋被旅客接受，铁路的客运业务在一定程度上也受到了影响。市场经济体制下，价格受到供需影响。对于铁路客运业务，定价不能以一个标准一成不变。铁路立法应制定更为合理、透明和弹性的价格机制，以便于铁路运输能够更加公平地参与市场竞争，提高其经济效益。

七是建立消费者权益保护机制法案[60]。

建立消费者权益保护机制法案，提高企业服务标准。铁路作为服务性行业，要时刻以消费者的利益为最高的服务准则。目前，由于我国铁路还处于发展时期，由于一些客观因素，容易出现一些损害消费者权益的现象：列车晚点、退票扣费、列车上加倍付费补票、售票机制不合理等。对于这些现象，消费者处于弱势地位，往往是在权益被侵犯后，缺乏必要的法律根据而无法维护自己的合法权益。因此，在立法中应对消费者的合法权益加以保护，便于消费者在与铁路企业的交易中维护自己的合法权益。目前，我国铁路运营技术已经实现了长足的发展，尤其是高铁正点到达已成常态。因此在铁路法修改中，完全有必要将"晚点赔偿"纳入进来，让旅客的这部分权益得到对等保护，这是旅客与铁路承运方平等法律地位的应有之义。铁路企业改革是一项长期、复杂和系统性的工作，改革的成败对国家的经济和社会发展都将产生重大的影响。外国铁路改革的经验和实践已经为我国树立了良好的典范，通过完善的立法和良好的法制环境推动我国的铁路企业全面深化改革，从而促进我国铁路实现跨越式发展。

对于上述内容中的铁路改革法、铁路股份公司组建法案、政府对铁路的行政管理法、铁路融资法案、竞争价格机制法案以及消费者权益保护机制法案，本书建议将其纳入《铁路法》，若不便进入《铁路法》，应考虑以单独法案或铁路法实施细则的形式发布。

7.4.2　确立铁路投资主体的法律地位

要实现在铁路领域全面建立现代企业制度、改革铁路投融资体制、构建开放竞争铁路市场的目标，应首先在法律上保障铁路投资主体的地位。

一是铁路投资主体是有足够的资金来源、能够独立做出投资决策的法人。铁路总公司作为国家独资铁路公司，是具有独立法人地位的经济实体。

二是投资者对投资所形成的资产享有所有权和法人财产权，外资或民营资本参股的铁路运营公司依法对其财产享有所有权，国有资产代理人的国有铁路独资公司享有法人财产权，无论是哪种股份结构的铁路公司，都应该享有所有权和财产权或经营管理权，并且铁路企业能够自主经营决策，政府不能干预。

三是投资者能够承担投资风险和相应的法律责任。现代企业制度下的铁路公司应该按照"谁投资，谁决策，谁受益，谁经营，谁承担风险"的原则来进行管理和经营，铁路投资者对公司的重大项目具有决策权，同时让铁路公司项目建成运营后的运营效益与项目建设时期的投资相对应。通过投资主体与经营主体相分离，委托独立的经营团队能够在企业利益最大化的原则下展开经营，不必受政府的干预，只有这样，经营团队才能为投资人的利益最大化而自主经营、自负盈亏，才能激励铁路企业从技术和管理上创新，努力提升服务质量，最终提高铁路企业经营效率，使铁路运输企业得到最大的发展。

7.4.3　立法工作应注意的问题

1．依法厘定政企分开原则及明晰政企关系

当前，中国铁路的基础性、公益性、经营性等多重属性互相交织，无法凸显铁路企业法人实体和市场竞争主体的真正地位，难以满足市场化运营和社会化筹资等方面的急切诉求，不利于提升运输企业的行业竞争力。当前，政府部门和铁路企业之间的权责边界需要进一步的

法律界定。新的立法应对国家铁路局的行政管理职能给予更明确的描述。比如国家铁路局行政职能应包括：企业运营监管、行业宏观调控、铁路发展规划、铁路技术标准制定、运输服务标准制定、标准实施的监督检查等。同时立法应更明确地界定中国铁路总公司的安全生产主体责任，从而真正做好铁路企业和政府部门的角色定位。

2. 依法确保铁路运输企业的市场主体地位

各类铁路运输企业是铁路运输市场的真正主体。这必须从法律上给予准确定位，界定各自的经营范围和运作方式。要依法着重明确各类铁路运输企业和客户之间的种种合同关系，主要内容应涵盖：设立铁路运输企业的门槛和经营许可；铁路运输企业的概念和类型；铁路运输企业的兼并、重组、合并、解散与破产的处置法律法规等。同时，要完善现有的铁路运输安全条例，做好安全风险防控。铁路运输安全管理包括线路安全、客货安全、行车安全、治安安全等。现行的《铁路运输安全保护条例》颁布于1989年，急需修改完善，以强化各类铁路运输企业的责任，明确执法主体。

3. 立法规定竞争价格机制

铁路应立法制定更科学、更合理、更透明和更有弹性的价格机制，以便铁路运输能更公平、更有力地参与市场竞争。由于中国铁路持续性的运能紧张，长期以来造成了巨大的寻租空间。因此，要完善运价管制法律体系，以科学管控定价。同时，我国现实国情决定了作为我国国民经济大动脉的铁路必须承担较多的公益性运输，由政府适当承担铁路建设职责，并尽可能满足普通民众特别是弱势群体的运输需求。今后，我国应建立以《价格法》为核心的价格法规体系，从法律上明确规定公益性运输产品价格管制的规则、范围、程序及方法等。

4. 依法建立消费者权益保护机制

铁路作为重要服务性行业，要"以服务为宗旨"，时刻保护消费者权益。目前，由于一些客观条件和主观因素，经常出现一些损害旅客、货主消费者权益的现象，比如列车晚点、退票扣费、售票机制不合理等。上述现象中，广大的消费者群体处于弱势地位，往往在自身权益被侵犯后，缺乏必要的法律根据而无法维权。因此，在立法过程中应对作为消费者的旅客和货主的合法权益给予具体可靠的法律保护，以便广大消费者群体切实维护自己的合法权益。比如，要以立法方式助推铁路企业货运改革，一要转变过去"铁老大"的行事风格；二要减少中间环节，力避权力寻租。

5．立法完善铁路市场的运营和监管

目前，我国的铁路运营和监管存在不到位、不充分、不及时的现象，许多问题都必须依法加以改进和完善。比如，铁路监管机构的法律地位及其与铁路管理部门的关系；是实行铁路发展规划、经营许可、运价、运行、执法集于一体的监管模式，抑或实行突出对铁路市场运营的单一监管模式等。但是，引入竞争、开放市场与统一调度的关系必须从法律上进一步厘清。既要打造适应市场竞争的企业主体，又要保证作为"一盘棋"的铁路不被肢解。要坚持实施统一调度，发挥路网的整体功能优势。管理路网尤其需要进一步从法律上强化深度、广度和力度。概言之，我国当前迫切需要完善现有相关法律法规，依法对铁路市场进行有力、有效的运营和监管。

6．铁路改革立法工作应阶段性和渐进性推进

我国铁路长期实行计划经济、大一统管理、垄断经营，使铁路企业在现代企业制度的建设中，容易受到长期积淀于铁路企业内部的各种深层次管理弊端的影响。这也使得我国铁路改革重组的复杂性远高于西方国家铁路改革，从这个意义上来看，我国铁路的改革只能分阶段稳步推进。因此，与改革相配套的运输政策和法律法规也必须根据改革的要求，逐步地制定和发布。另外，从立法的角度来看，立法工作也不是一蹴而就的，它具有一套规范化的程序要求，也需要一个循序渐进、逐步完善的过程。因此，需要根据铁路改革的阶段性目标要求与改革实施路径，按轻重缓急程度做出近、远期的立法规划，报国

家立法机关制定相应的法律规范。

7. 维护铁路法制的完整性和统一性

这主要是要求以适应市场经济和铁路改革要求的铁路法律、法规为基础，结合国家其他法律的有关要求，全面清理现行法律规范。对其不适应市场经济和铁路改革要求的部分，及时予以补充、修改和完善；对完全不相适应的，立即予以废止。

8. 有选择地借鉴外国铁路改革的立法经验

有鉴别、有选择地借鉴外国铁路改革的立法经验。我们应当注重研究和借鉴国外铁路改革的立法经验，但必须强调，我国铁路有自己的实际情况，我国铁路的法制建设有自己特定的条件，因此，尽管西方铁路改革的立法有不少可以借鉴之处，但绝不能照搬照抄，要结合我国的国情、路情，根据市场经济的发展要求，有鉴别、有选择地借鉴外国铁路改革的立法经验，使其为我所用。我国铁路体制改革，是一个极为重要的影响条件。我国铁路长期政企合一的管理体制特征，决定了其改革的艰巨性更甚于西方国家铁路改革。因此，要顺利推进我国铁路改革，必须广泛研究和借鉴国外铁路改革的立法经验，在对国外铁路改革立法的背景、基础、条件和社会环境认真进行比较分析的基础上，切实从我国铁路的实际出发，抓紧对一些急需解决的重大问题进行立法规划，并在铁路改革方案比较成熟的条件下，由国家立法机关依照立法程序讨论并批准实施。

9. 争取政府部门在铁路改革立法过程中发挥主导作用

对上述事关铁路改革发展的重要法律法规的立法，铁路部门要加大对其重要意义的宣传，促进政府对立法推进铁路改革必要性的认识，争取取得政府的政策支持，充分发挥其主导作用，使其及早做好立法规划，尽快启动铁路改革的立法程序[61]。

7.5　加强人才培养

7.5.1　优化铁路人才队伍建设的工作机制

在铁路改革准备阶段，对 17 个非运输主业下属单位以及 18 个铁路局进行改制，并在中国铁路总公司内部设置铁路改革机构，在完成对 18 个铁路局的改制后，对铁路总公司进行改制。此外，还要对其他铁路企事业单位进行资产清查及核对工作。这需要具备现代企业管理能力的人才，从而更好地实现铁路企业的公司制改革。

在全面推进铁路深化改革目标与路径的实现过程中，需要加强和改进人才的选拔培养工作，造就一支以领军人物、专业带头人、拔尖人才为骨干的人才队伍，为铁路改革目标的实现提供强大的人才保障。

建立健全选拔使用人才机制不仅可以最大限度地挖掘人才、选拔人才、培养人才、使用人才，还能潜移默化地营造推崇人才、学习人才和争当人才的企业氛围，为铁路改革目标与路径的实现做好充分的人才储备。公开、透明、公平、公正的选拔用人机制使能者上、庸者下，既提供了人才应有的位置，又发挥了人才应有的作用，能够在铁路目标与路径实现的过程中给予员工积极参与的动力。

铁路改革目标与路径能否实现很大程度上取决于每个人的意识与岗位定位是否准确，意识定位准确，世界观、人生观、价值观必然准确，引发的行动必然准确；岗位定位准确，个人能力的发挥与提高才能达到极致。科学的人才机制就是最大限度优化团队的组合，达到减员提效的最大化，铁路目标与路径的实现需要与时俱进地改革与完善人才机制。

1．优化人力资源

按照建立现代企业制度的要求，全面优化人力资源配置。对现有的管理人员进行现代企业管理专业培训，增强其管理能力，改进现有的管理模式以适应铁路改革目标与路径的发展。此外，在铁路各公司改制过程中要整合相关业务，需合理配置专业人员，最大限度发挥现有职工的工作能力。

2．完善人才引进机制

要根据铁路改革目标与路径的发展趋势以及具体岗位的要求，对当前和未来的人才需求做出分析，合理确定引进计划。在严格执行国家安置政策的基础上，积极吸引铁路急需的高等院校毕业的专业技术人员，把主要专业毕业生接收比例提高到 50% 以上。

3．完善人才激励机制

有效的人才激励机制是加强铁路人才队伍建设的动力保障，也是推进铁路改革目标与路径实现的保障。根据多元激励理论[62]，从铁路人才的需要、动机、期望、公平等因素出发，通过运用竞争激励、职级激励、荣誉激励、福利激励等多种激励手段和方法，建立多元激励机制，保证激励效果，推动铁路人才队伍的快速发展，推进铁路改革目标与路径的实现。

7.5.2　构建完善的人才培训体系

培训既是加快铁路人才队伍建设、提高职工队伍业务素质和综合能力的有效手段，也是推进铁路改革目标与路径实现的最基础性工作和最直接、最有效的途径。培训是一种重要的人力资本形式，通过知识培训、技能培训、心理素质培训、潜能开发和综合素质提升等方式可实现员工人力资本的价值增值，通过企业文化培训和协作能力培训等方式可增加企业的人力资本总值[63]。

为了适应铁路改革目标与路径的要求和人才队伍建设需要，必须树立大教育、大培训的理念，加大对教育培训的投入，整合培训资源，优化培训队伍，在全系统形成多层次、多渠道的教育培训体系，并根据铁路人才队伍建设的需要，立足于现有人力资源和铁路职工队伍整体素质的现状开展大规模培训。

为了帮助铁路干部职工正确理解铁路深化改革目标与路径，从而以实际行动关心、支持、参与铁路改革，铁路培训工作内容应主要包括两个方面：一是铁路改革目标与路径相关内容的培训；二是适应铁路改革目标与路径的技术、管理等人才的专业培训。因此，铁路培训要进行以下几方面的培训体系的建设：

1．培训内容

广泛开展铁路改革目标与路径内容的培训，将铁路改革目标与路径纳入干部职工培训课程。铁路改革目标与路径是全面深化铁路改革的总体设计与框架，应在全路范围内广泛开展其内容的培训，加深全体铁路职工对铁路改革目标与路径的认识。一来，可以减轻职工因为改革而产生的不安情绪，帮助营造企业内部良好的改革氛围；二来可以帮助职工提前做好职业生涯规划，积极适应铁路改革目标与路径的人才需求；三则还可在铁路改革目标与路径实现的过程中，发动群智群策，在企业内部形成改革合力。

2．培训基地与师资建设

在铁路改革目标与路径所需专业人才的培训基地建设方面，应加强外部资源利用，建立与铁路有关的职业学校和设备制造厂家广泛参与的培训基地系统，主要承担专业技术人才、高技能人才、师资队伍的培养，以及铁路职工专业学历教育培训。在内部资源利用方面，建立由铁路总公司、铁路局、站段三级组成的培训网络。其中，铁路总公司在全路选择 4～5 个条件好的基地，作为区域性培训基地，分专业承担全路性的培训任务；同时发挥各级党校的作用，加强领导干部和后备干部的培训。路局和站段根据运输生产和技术设备更新情况，建设职工技能实训基地，对职工进行适应性和基本操作技能、应急处理等方面的训练。各级培训基地要根据需要加强实训设施设备和模拟仿真设施建设，保证培训充分体现生产现场实际情况，提高培训的针对性。

师资是立教之基、兴教之本、强教之源。建设一支高素质的专、兼职师资队伍，是推动铁路职工教育发展、提高职工培训质量的关键措施。要有计划地从工程技术人员、技师和高级技师中选聘专业理论扎实、实践经验丰富的优秀人才兼任培训教师，建立铁路兼职培训师资库。研究制定兼职培训师资管理办法，落实兼职培训师资待遇，鼓励优秀工程技术人员从事兼职培训教师工作。同平常的铁路培训师资建设不同，铁路改革目标与路径实现的过程中，还应引进铁路改革内容相关的师资队伍，做好专业人才培训的同时，储备好能适应铁路改革目标与路径的人才。

铁路现代化的迅猛发展，要求职工培训内容及时更新，除了师资队伍建设，还迫切需要加强培训教材的编写工作。各铁路局集团应结合本局技术、设备使用情况，组织开发与基本培训教材相配套的适应性教材，总体适应新技术、新设备、新工艺运用和新规章的要求。每两年内组织一次对基本教材的修订，保证培训内容及时更新。除此之外，还要做好铁路改革目标与路径相关内容的教材编写工作，推动全路范围内铁路改革目标与路径培训工作的开展。

3．培训对象

（1）抓好专业人员培训

在铁路改革目标与路径实现的过程中，需要一大批掌握现代企业管理知识的人才，同时随着铁路改革的不断深化，铁路行业需要不断引进和培养掌握专业运输知识的人才。由于高校毕业生参加工作前在学校接受过高等教育，所以他们有一定的思想和专业基础，一旦到铁路参加工作后，他们对铁路形势和专业的认知度会较高，融入也较快，是铁路人才队伍的后备力量。深入基层的学习与实习，将加速他们的成长与成熟，为他们日后走上铁路重要岗位提供了历练机会和上升平台，他们在发挥自身作用的同时，也必然为铁路的改革与发展注入新鲜血液与活力。

铁路改革目标与路径的实现需要技术高、管理精、经营强的方方面面的人才，为此铁路各级人事部门日常就要全面掌握管内干部职工队伍的素质底数，把有培养价值的人员及时列入培养范围，并通过定期交流、岗位培训、练兵比武、劳动竞赛等形式对其进行培训与培养，强化责任和大局意识，激发爱岗敬业和勇于挑战的热情，提高专业能力和工作水平。这种因材施教、有的放矢的培养与历练必将不断壮大铁路的人才队伍，使其逐渐成长为铁路各行各业的精英和中流砥柱，从而推动铁路的改革与发展。

（2）加强领导干部培训

每年选送一定数量的机关司局级干部，到中央党校、国家行政学院和其他教育机构进行政治理论、法律法规、现代管理、高速铁路、新技术知识的强化培训。每年组织一定数量的部属单位领导班子成员的集中培训，重点进行铁路发展、高速铁路、新技术装备、现代企业管理、法律法规等方面知识的学习。铁路局负责组织站段其他领导班子成员和局机关部门负责人的轮训，同时有计划地做好后备干部的培训，逐步制定培养计划和措施，加强日常跟踪管理和考核。

在各级领导干部的培训中，还应加强铁路改革目标与路径相关内容的培训，在铁路管理阶层深化对铁路改革目标与路径的理解，以保障铁路改革路径的推进与改革目标的实现。

（3）加大高素质的专家队伍的培训交流力度

要做好专家的选拔和推荐工作。专业技术队伍建设的重点，是培养造就一批具有国际、国内科学技术前沿水平的学科技术带头人和青年专家，建立一支专家队伍，推动专业技术队伍的整体发展。铁路专家队伍由铁路总公司人事司统一管理。我国科学院院士、工程院院士每两年由部组织推荐一次，国家和部级专家每两年选拔一次。评审和选拔工作，按照国家和铁路总公司的有关政策、选拔管理办法和程序进行。部属单位可结合实际，开展本单位专家的推荐和选拔工作。

充分发挥各类专家的学术技术带头作用。铁路建设的重大科研、设计、工程、制造、管理等项目和课题，必须充分征求专家的意见，组织专家进行科学论证后，才能做出决定。对专家开展的科学研究、技术开发和学术活动，在人、财、物等方面给予必要的扶持，并保证学术成果得到尊重和有效保护。

落实交流流动制度。在保证铁路专业技术骨干队伍稳定、发展的基础上，科学合理、积极有序地进行，通过组织调整与双向选择、单位自主用人和个人自主择业相结合，达到铁路人才资源的合理配置。铁路总公司人才交流培训中心是铁路高级人才交流流动的中介机构，受铁路总公司人事司政策指导，组织、承办全路人才交流流动服务各项业务。部属单位也可根据需要，建立相应的人才流动服务机构，逐步形成全路人才交流流动服务协作网络。同时，利用铁路总公司人才交流培训中心，引进国内外铁路高级人才[64]。

（4）提高新增人力资源培训质量

新增人力资源的培训工作应按照铁路改革目标与路径对人才的需求开展。新接收的大学生和复退军人是铁路新增人员的主要来源。

① 加强对大学毕业生的持续培养。铁路总公司负责每年优选300名左右在现场工作已经两年以上的大学生，对他们进行专业培训和新知识、新技术教育。对其他大学生的后续培养由各单位负责，根据中国铁路总公司下达的培训计划，组织他们到铁路局培训基地、高校进行专业再教育。

② 进一步提高复退军人的培训质量。对复退军人统一进行专业学历教育，严格执行国家安置政策，提高复退军人接收质量，不断改进培训工作，强化管理，完善校企合作模式，根据专业需求，科学制定教育方案，提高教育质量，实现专业学历和职业技能"双达标"，将合格人员优先补充到主要行车工种，优秀学员选拔配备到客运专线和新技术装备运用维护相关岗位。

7.5.3　强化铁路人才队伍建设

组织保障体系是铁路人才队伍建设的强有力的制度支撑，是满足铁路改革目标与路径人才需求的制度保障。

1. 加强领导协调

铁路总公司要成立全路人才队伍建设领导小组，部党组成员中的相关人员任组长，铁路总公司有关部门主要负责人任成员，统一组织全路人才队伍建设工作，为铁路改革目标的实现做好人才保障工作。日常工作可由人事司、劳卫司、人才中心等部门负责。各铁路局集团成立相应的领导和协调机构，明确职责，健全制度，落实责任。

2. 制订人才队伍建设规划

要制订与铁路改革目标与路径推进实施相配套的人才队伍建设总体规划和主要行车工种人才队伍建设、领导干部队伍建设、职工教育培训、职工教育培训体系建设等专项规划，各铁路局集团根据规划，制定具体的实施方案，把为实现铁路改革目标的人才队伍建设的各项任务落实到单位、部门和责任人，自上而下、有序高效地开展人才队伍建设系统工程。

加强舆情引导、加强企业文化建设和学习型组织建设，在铁路内部营造有利于铁路职工思想健康向上、积极配合铁路改革目标与路径实施推进的舆论环境，引导干部职工积极学习全面深化铁路改革的目标与路径，树立"学习中改革、改革中学习"的理念，同时，也要扎实技术业务知识学习，自觉钻研业务技能。结合改革实际持续开展以学习改革目标、改革新动向为主要内容的主题活动，在干部职工中形成积极推进铁路改革实施、为铁路改革目标的实现做贡献的浓厚氛围。

综上所述，加强我国铁路人才队伍建设，是推进铁路现代化建设和实现铁路改革目标与路径的必然要求。在一定理论支撑的基础上，适当借鉴发达国家的先进经验，结合我国的实际国情和路情，在盘活铁路现有人力资源的基础上，明确与铁路改革目标与路径推进实施相配套的人才队伍建设的主要任务和总量需求，通过全员培训，提高全体职工对铁路改革目标与路径的认识，并提高相应员工的素质，同时不忘有针对性地加强专业技术人才队伍、现场生产骨干和各类管理人才队伍的建设。

7.5.4　建设高素质经营管理者队伍

在铁路改革目标与路径实现的过程中，高素质的经营管理者队伍至关重要。他们应当具备三个特点：① 在铁路行业有着丰富的工作经验，能深刻理解铁路目前在经营管理上的种种难题；② 熟悉铁路改革目标与路径，对铁路改革工作的进程了然于胸；③ 具备适应铁路市场化的现代企业管理能力。

铁路改革目标与路径最终要形成现代化的、适应社会主义市场经济体制的铁路企业。广泛来讲，国有企业要适应建立现代企业制度的要求，在激烈的市场竞争中生存发展，必须建设高素质的经营管理者队伍，培育一大批优秀企业家。对于改革中的铁路企业来说，同样如此。

第一，建设高素质经营管理者队伍是建立社会主义市场经济体制和建立现代企业制度的需要。对于铁路国有企业来说，建立现代企业制度是一种根本性变革和制度创新。从传统的工厂制转变为公司制，企业领导体制和组织管理结构则从厂长（经理）负责制转变为法人治理结构，资产经营组织体制由原来的单一企业转变为企业集团，管理方式和经营管理内容也发生深刻变化。如果铁路企业经营管理者不转变观念，不掌握与公司制相关的经济、金融、法律等知识和组织管理技术，不掌握现代市场经营理论，不善于根据市场变化及时做出科学决策，就很难适应新型企业的内外关系、领导体制、组织管理形式的变化和生产经营的需要。建设高素质经营管理者队伍，从根本上说就是为建立现代企业制度提供人员素质保证和组织准备。

第二，经营管理者的素质高低直接影响到铁路企业的前途命运。一个运营良好的企业往往因为选错了领导者而很快衰败下去，一个陷入危困甚至濒临破产倒闭的企业可能因为选聘一个好的领导者而起死回生。从这个意义上说，有什么样的经营者，就会办成什么样的企业。可见，铁路企业在解决了体制和机制的条件下，根本问题就是人的问题。

企业建立良好的制度和机制固然重要，但是再好的制度都要靠人来执行，再好的机制都要靠人来运行，再好的技术设备，再好的产后服务，如无好的经营管理者，都无所用之。选好人、用好人，对保障铁路企业实现改革目标来说是至关重要的。特别是在推进铁路改革的进程中，选聘那些懂经营、会管理、有胆识、有谋略的开拓创新者，是确保铁路改革目标与路径获取成功的关键性因素。

第三，建设高素质经营管理者队伍是推进整个干部人事制度改革的重要举措。在推进铁路改革目标与路径实施的过程中，人事制度改革要以推进分类管理为重点，培养高素质社会化的专业技术人员队伍、高素质专业化的经营管理人员队伍和高素质专业化的公务员队伍，全面加强"三支队伍"建设。目前，铁路改革不断深化，特别是在建立现代企业制度，推进混合所有制改革方面取得了新的进展，传统的企业干部制度和人事管理制度已经不适应铁路改革新形势的要求。建设一支高素质的铁路企业经营管理者队伍，是当务之急。首要一条是确立其应具有的素质和任职资格，对铁路企业经营管理者任职资格的一般要求如下：

一是思想政治素质好，认真执行党和国家关于铁路改革的方针政策与法律法规，具有强烈的事业心和责任感。保持坚定正确的政治方向，树立正确的世界观、人生观和价值观，坚持全心全意为人民服务的宗旨。

二是经营管理能力强，熟悉铁路业务，系统掌握现代管理知识，具有金融、科技和法律等方面的基本知识，善于根据市场变化做出科学决策。经营管理能力是铁路企业领导者应具备的"第一能力"，其中最主要的是决策能力，善于纵览全局，审时度势，根据市场变化做出科学决策。为此，我们不仅需要有一批既熟悉铁路生产技术、企业管理，又善于开拓创新，懂得市场经营，并在财经、金融、科技、历史和法律等方面有一定修养的企业领导人，更需要高层次的金融、外资、项目管理、物业管理、物流管理、新产品开发、国际企业管理、国际商贸、宏观经济管理等方面的经营管理人才，尤其需要熟悉现代信息技术，具有较高创新、决策、组织、指挥、控制、协调能力的高级经营管理人才。

三是遵纪守法，廉洁自律，求真务实，联系铁路基层干部。铁路企业经营管理者必须具有很强的法纪观念，依法治企，依法经营。他们掌管着大量的国有资产，经常面临着各种诱惑，这就要求他们必须加强自我修养，做到自重、自省、自警、自励，具有良好的道德品质，自觉抵制各种腐败思想和生活方式的侵蚀，在廉洁自律上发挥表率作用，凡不廉洁的决不能进企业领导班子，更不能当"一把手"。企业领导干部要坚持解放思想、实事求是的思想路线，作风扎实，不尚空谈，不弄虚作假，企业经营管理者还应有团结协作精神，还应具有充沛的精力、较强的体力、较强的心理承受能力等[65]。

上述要求也是铁路改革目标与路径实现过程中对高素质企业经营管理者队伍建设的要求。

7.6　加强社会舆论宣传

7.6.1　加大内部宣传力度

铁路确定改革目标与路径已经进入势在必行阶段，面对这样的新形势，中国铁路总公司应该及时出台相关政策，制定铁路改革宣传的相关章程。为配合铁路全面深化改革，提供社会舆论支持，铁路企业各级党委和宣传、新闻部门应该加大改革宣传的力度，充分调动广大干部、工人拥护改革、支持改革、参与改革的积极性。

1．拓宽舆论宣传阵地，壮大舆论宣传力量

目前，传统纸媒的发行时效已严重影响宣传效果，难以满足职工群众的阅读需求，迫切需要适应分众化、差异化的传播趋势，大力推进传统媒体和新兴媒体融合发展，整合新闻宣传资源，打造资源通融、内容兼容、宣传互融、利益共融的铁路融媒体平台，把铁路媒体建设成为具有强大传播力、公信力、影响力的新型主流媒体，以丰富鲜活的内容和先进有效的手段有效占领铁路舆论阵地。

为强化铁路企业改革宣传，铁路各级党委除充分运用广播、电视、网络、内部刊物等新闻媒体外，铁路总公司应该要求铁路部门各级内部人员学习国内外铁路改革的相关理论和经验，学习铁路内部刊物，为深化企业改革呐喊。铁路运输党委可以组织业余文工团到基层进行巡回演出，宣传铁路改革中的新人新事。为壮大舆论宣传，铁路部门可以举办多名通讯员参加的新闻培训班，拟定确立铁路改革目标与路径的宣传报道要点，使稿件质量有新的提高。借助多种媒体，通过各类宣传方式，让铁路改革目标与路径被更多的人所了解，进而推进铁路改革。

2．增强新闻宣传的针对性，正确把握舆论导向

铁路企业的广播、电视、报刊、官方网站等部门，在铁路深化改革新举措出台前，广泛宣传全国的改革形势和现阶段经济体制改革的任务，并且还要宣传我国国有企业现代化企业制度改革的成功案例和

经验，使广大干部、工人深刻认识到，铁路行业不改革就没有出路，在现阶段国有企业深化改革的浪潮下，更应该抓住机遇，努力探索出一条现代化企业之路。

紧紧围绕改革的进程要做好战役性宣传报道。第一个阶段广泛宣传铁路企业新出台的深化企业改革的各种方案和举措，并加强言论写作，推出《改革系列谈》等新栏目，增强新闻宣传的思想性。第二个阶段抓贯彻落实的连续报道，先后报道铁路改革步子稳、效果好，建立独立法人运转等新做法，增强新闻宣传的针对性。第三个阶段宣传改革新举措实施后的实际效果，侧重点放在"解放思想"这一主题上。

3．纠正模糊和错误认识，为改革提供思想保证

在全面深化铁路改革的实施路径中，"铁路走向市场"，全面实施铁路改革，是铁路总公司成立以后推出的一项重大改革，是铁路适应经济社会发展的重大举措，也是铁路实现可持续发展的必然选择。然而部分干部、职工和群众由于对铁路改革缺乏深入了解，认为铁路改革是进行铁路私有化，因而反对铁路改革。这种理解是错误的，事实上，我国铁路改革的出发点仍然是毫不动摇地坚持社会主义公有制，在确保国家对铁路路网绝对控制的前提下积极探索推进混合所有制，这并非将铁路私有化。在我国铁路改革路径中，由于路网的特殊属性，中国铁路总公司将代表国家持有不少于 51% 的股份，从而可以确保国家对中铁路网的绝对控股权。中铁路网的最终实现形式将是具有完善现代企业制度和混合所有制特征，并由国有资本绝对控股的（集团）股份有限公司。为了改善和纠正人们对铁路改革的模糊和错误认识，我们需要通过加强内部宣传，使他们了解并支持改革，从而促进铁路改革，使我国铁路能够更好地发展。

首先应统一思想。应该引导铁路干部职工深刻理解铁路改革的重大意义、重点任务和具体措施，把铁路总公司、铁路局关于铁路改革的决策部署变成干部职工的思想共识，正确对待铁路改革，积极投身改革，确保这项改革的顺利实施。通过大力宣传引导，帮助干部职工进行一次思想大解放，观念大转变，进一步统一思想和步调，凝聚智慧和力量，营造一个人人关心、个个支持铁路改革的良好氛围。

其次应转变观念。通过大讨论，及时向干部职工传达铁路改革相关部署和总体目标，引导车站干部职工切实改变不适应市场经济要求的传统思维，树立新的生产和服务理念，围绕运输组织实现由计划为主的内部生产型向计划服务市场的市场导向型转变。在推进铁路改革全面实施的同时，仍然要腾出精力，从干部做起强化全员安全责任意识，深入推进安全风险管理，保证运输安全，为铁路改革提供安全稳定的环境，切实把保证现实安全、提高运输效率、增运增收工作落实到位。

最后应做好深入细致的思想工作。铁路改革涉及机构和岗位调整，直接关系到干部职工切身利益，必然对干部职工的思想产生冲击，所以应当做好改革中的思想政治工作，关心关爱职工，为铁路改革推进实施营造良好的内部环境。应该向干部职工讲清铁路改革势在必行，不改革就没有出路，不改革就会停滞不前，在这个大环境下，没有旁观者，也没有局外人，全体干部职工都是铁路改革的参与者，也是推进者，更是受益者，应该群策群力、尽职尽责、扎扎实实做好本职工作，为实施铁路改革贡献聪明才智，创造良好条件；充分认清只有通过深化铁路改革，才能实现铁路可持续发展，提高经济效益，才能增加干部职工的收入，改善生产生活条件。针对一些行车职工认为成立货运公司以后，单纯行车部门干部职工的工资收入会下滑的种种议论，应及时予以澄清，讲清"前店"与"后厂"之间职工工资收入的关系，只要把精力放在保证安全、提高运输效率上，就是对铁路改革的最大支持，让广大铁路干部职工认识到全面深化铁路改革是有益于全体铁路职工的改革事业。

7.6.2　加大外部宣传力度

在响应国家"走出去"以及创新驱动发展、"中国制造 2025"及"一带一路"等重大决策的机遇背景下，提升铁路企业对外宣传能力，不但有助于我国铁路改革路径的顺利实施，也将有利于展示铁路企业良好形象，扩大我国铁路产业的影响力，提高铁路企业抵御境外经营风险的能力。为实现铁路对外宣传的良好效果，可以采取以下措施进行对外宣传：

一是建立统一的行业对外宣传主体。可采用业内企业相互联合或某一企业牵头组织等方式，建立统一的行业层面对外宣传主体，以提高我国铁路对外知名度、美誉度为目标，以沟通、交流为手段，统筹各参与企业立足于国家、行业高度做好我国铁路对外公关，实现行业、企业国际化经营目标与我国政治外交目标间的结合与平衡。参与企业可分别按一定比例共同筹资作为行业宣传经费，依托行业宣传主体持续进行长时间、多方位的宣传推广，潜移默化造就口碑。

二是拓展企业改革宣传渠道。抓好各种有利时机，充分利用国内外传统媒体、互联网新媒体等多种媒体媒介，在做好形象公关、讲好品牌故事的同时扩大企业改革宣传效果，传递企业价值。加强与国际主流媒体的交流与合作，做好与目标市场媒体、智库、非政府组织等各方的对接、沟通，有效宣传我国铁路技术优势以及互利共赢合作理念，使当地民众客观认识我国铁路企业的改革背景，正确看待相关市场拓展行为。与企业培育和运营专业服务机构建立联系，共同开展企业管理咨询、市场推广等服务。

三是树立正确的宣传导向。与铁路改革发展高层人员进行沟通，对改革开展宣传时应斟酌遣词用句，慎用"私有化""票价提高"等可能让社会产生不良联想的字眼，避免社会居民因此产生忧虑、戒备甚至抵触心理。同时，还应积极强化铁路技术对社会发展的促进度和现实国情适应性的宣传，提高社会接纳度。

四是加强公关危机管理。在铁路企业内部根植公关危机意识，做好日常预防性公关。对当地舆情进行跟踪监控，依托长期而持续的危机诊断，开展相应的危机预警与识别，把握好事态演化趋势，及时判定公关对象，以便公关危机萌芽前能够尽早采取适当行动。同时也要做好反应性公关，构建迅速从正常情况转换到紧急情况的公关危机应对能力，在突发事件面前第一时间对危机进行判断与定性，迅速确立对策，抢占舆论制高点，确保以可控的成本渡过危机。

五是针对性开展铁路改革跟踪报道。积极配合"一带一路"等决策的实施及国家政治、外交、经贸等领域的动向，敏锐观察、及时研究判断铁路改革的相关节点和契机，努力将铁路现代企业制度的改革与国家发展紧密相结合，有计划、有针对性地展开宣传工作，以便机会出现时快速响应，对宣传工作要有的放矢。

六是研究对外宣传策略。创新铁路改革宣传模式，针对性地借鉴先进的宣传和传播方法，增强改革宣传的及时性、有效性，形成与铁路改革相一致的多元化传播渠道。在进行全面深化铁路改革宣传时，既要了解现阶段我国铁路的实际情况，又要了解铁路改革的法律法规等特点，促成符合现阶段我国民众接受度的铁路改革宣传体系。加强与新闻媒体的沟通协调，加大对铁路改革的宣传报道，在全社会形成推进铁路改革的浓厚氛围，加强各项改革工作的沟通协调，充分调动各方的积极性，凝聚共识，合力进行铁路改革宣传工作。

7.7 相关配套改革

全面深化铁路改革，实现铁路改革目标，不仅关系到铁路系统内部，还需要铁路系统外部的支持。加快规范并完善政府和社会资本合作、特许经营管理，鼓励社会资本参与。加快推进基础设施和公用事业等领域价格改革，完善市场决定价格机制。研究推动土地制度配套改革。加快推进金融体制改革和创新，健全金融市场运行机制。全面深化铁路改革要与其他领域改革协同推进，形成叠加效应，充分释放改革红利。

7.7.1 发展资本市场，促进资产的流动

近年来，我国资本市场在较快发展的同时也存在不少问题，主要表现在：上市公司良莠不齐，有的重筹资、不重改制，有的公司法人治理结构不健全，有的运作不规范，有的信息披露不及时、不准确，有的发展后劲不足，处境困难。同时，股本结构不合理，国有股和国有法人股比重过高，目前我国上市公司国有股、法人股和流通股各占1/3左右。国有股、法人股又不能流动，不能有效发挥资本市场的功

能，股权配置也难以实现最优化。股票市场的重要作用之一，是通过股票的易手，将股权集中到那些有能力行使股权控制的人（机构）手中，进而影响到企业的活动和内部的资源配置。

股权行使的固化使得国有产权配置难以变动，无法有效集中。同时，国有股难以流动使企业资源配置固化，不能根据市场情况适时调整业务范围，不能决定进入或退出某一行业，也不能实施国有经济布局的战略性调整，企业在市场和市场前景不佳时，也难以剥离出低效资产，进行战略性改组。

通过发展资本市场，增强国有资产的流动性，也有利于加快铁路国有经济布局战略性调整和铁路企业战略性改组的步伐。

国有资产流动性差，是当前国有经济面临的一个突出问题。要从整体上搞好国有经济，调整国有经济布局，有所为有所不为，退出一些行业、企业，向重点行业、关键领域和重点企业集中，就必须解决这一问题。新上市公司适当提高公众流通股的比重，一些信誉好、发展潜力大的国有控股上市公司适当减持部分国有股，非上市企业经批准可将国家划拨的土地使用权和部分资产有偿转让，这些政策措施都有助于充分发挥资本市场配置资源的作用，增强国有企业的资产流动性，推动国有资产在全社会的优化配置。

近年来，特别是党的十八大以来，一些企业通过资产置换，减轻了债务负担，有效地改善了产品结构和产业结构，培育了新的经济增长点，提高了市场竞争力。特别是很多企业通过债务重组、资产重组和组织体制重组，实行主辅分离，剥离低效和无效资产，围绕发展战略的制定和实施，在突出主业、增强市场竞争优势上狠下功夫，不断加大技术进步和技术创新力度，积极开拓市场，使经济效益迅速得到提高。

一些企业，特别是大型企业和企业集团通过上市等方式进入资本市场，盘活了国有资产，提高了资源配置效率，加快了企业成长步伐。事实说明，国有企业进行公司制改造，适当降低国有股比重，鼓励国有法人、非国有法人和机构、居民参股，以及将部分国有资产变现，不仅不会影响国有经济在国民经济的主导作用，而且可以放大国有经济的功能，增强国有经济的控制力。

良好的国有资本市场环境有助于促进铁路领域发展混合所有制，进而促进铁路现代企业制度建立和债务处置等目标的实现。在铁路改革"六步走"的第五步"铁路国有资产管理体制改革"中，中国铁路国有资本投资运营公司的成立，作用之一就是促进资本在铁路工程、装备、运营、路网等领域流动。在铁路外部领域，国有资本的流动实践，可以为铁路改革提供经验借鉴。

7.7.2 加快建立和完善社会保障体系

在铁路实现网运关系调整、建立现代企业制度的过程中，完善的社会保障体系可以减轻铁路企业负担，促进改革平稳进行。

建立和完善社会保障体系，必须加快立法步伐，加强社会保障法制建设，努力把发展社会保障方面长期积累的成功经验，用法律形式确定下来。健全的社会保障制度必须覆盖到城镇各类职工，使全体劳动者都能依法享受社会保险，这是维护职工合法权益的基本要求。现行的法规规定，基本养老保险的覆盖范围应包括所有城镇企业、实行企业化管理的事业单位及其职工。失业保险的覆盖范围除城镇企业外，还应扩大到事业单位及其职工。基本医疗保险也应覆盖到所有城镇企业、机关事业单位及其职工。

建立健全社会保障体系有利于营造公平的竞争环境。铁路企业发展面临的难点之一，就是铁路企业的社会负担过多。在传统体制下的铁路企业，几乎就是一个"小社会"，离退休人员养老金的发放、名目繁多的职工福利及职工住房、子女教育等，大多压在企业身上。而各种新成立的国有企业或非国有企业则一般负担较轻。这样，铁路企业与这些企业就无法站在同一起跑线上展开公平竞争。因此，建立独立于企业之外的、实行社会化管理的社会保障制度体系，适量剥离铁路企业的社会职能，让铁路企业从沉重的社会负担中摆脱出来，让铁路企业和非国有企业一样承担其应承担的社会保障义务和负担，可以为不同企业创造一个公平的竞争环境。

建立健全社会保障体系有利于形成规范的劳动力市场、促进劳动力资源的合理配置，进而促进铁路现代企业制度的建立，促进铁路的市场化转变。在社会主义市场经济条件下，劳动力市场应当是最活跃的市场，国有企业改革目标之一就是建立健全劳动力市场，企业和劳动者的双向选择是市场经济发育成熟的重要标志。然而，如果劳动者没有统一的社会保障制度体系为其提供社会化的基本保障，统一的规范化的劳动力市场就很难形成。

我国现实的情况是：一方面，国有企业职工在某种意义上讲是终身固定职工，难以向非国有企业合理流动；另一方面，非国有企业的低保障性又使职工无稳定感，影响国有企业职工的正常流入。前者冗员充斥，效率不高，后者选择劳动力的范围狭小，结果造成需要的人才引不进来，不需要的人都不能辞退，形不成统一、高效的劳动力市场。我国铁路长期作为重要的国有资本控制领域，其在人力资源管理方面也存在着国有企业的通病。

建立统一的社会保障体系，劳动力就可以解除对企业的过分依赖，进入市场自主选择职业，企业也可以在市场上自主选择合适的员工，从而实现劳动力及其生产要素在市场机制的最佳配置。因此，社会保障体系的建立与完善，是促进劳动力市场形成，进而推动铁路改革走向深入的重要一环。

建立健全社会保障体系有利于启动铁路企业破产机制和职工激励机制。竞争是市场经济的本质特征，而优胜劣汰则是市场经济的基本法则，这一法则既表现在企业之间的竞争中，又表现在职工之间的竞争中。不论是企业在竞争中失败，还是职工在竞争中被淘汰，其后果都会造成一部分职工的失业。

从现代经济学的角度看，适度失业可以被看作是推动经济发展的必要条件，它可以在社会经济发展中起到一种优化选择的作用，破产与失业的压力又可以推动企业和职工素质不断提高。但是，如果没有社会化的失业保障机制，失业问题就将成为十分严重的社会问题，给社会带来不安定因素。在深化铁路改革的过程中，无论是铁路总公司"瘦体健身"，还是运输市场逐步开放竞争，都会存在优胜劣汰。因此，建立健全包括失业保险、失业救助、失业培训在内的失业保障机制，既有利于促进铁路企业及其职工的优胜劣汰，又有利于提高铁路企业及其职工在市场经济中的竞争意识，激励职工奋发图强，提高自身责任和企业效益水平，促进铁路改革发展，同时保障职工权益。

7.8　本章小结

本章的主要工作是论述实现铁路改革目标与路径的相关保障措施，包括坚持党的领导，加强组织保障、立法建设、政策保障、人才培养、社会舆论宣传以及推进相关配套措施改革。通过这些保障机制和相关配套改革措施来保证铁路改革路径的顺利实施。

我们认为，坚持党的领导是全面深化铁路改革的重要思想基础，在铁路市场化改革的过程中，铁路企业要坚持党的领导、加强党的建设，总的要求是：坚持党要管党、从严治党，紧紧围绕全面解决党的领导、党的建设弱化、淡化、虚化、边缘化问题，坚持党对铁路企业的领导不动摇，发挥铁路企业党组织在改革目标与路径确定及实施过程中的领导核心和政治核心作用。同时要加强铁路改革的立法建设，提供政策保障，加强人才培养，加大社会舆论宣传力度，并推进相关配套改革，为铁路改革营造外部环境。

第 8 章　结论与展望

8.1　主要研究内容

本书首先介绍了我国全面深化改革的背景、国有企业改革历程、铁路改革的背景以及我国铁路改革目标与路径研究现状；然后介绍了国外铁路改革的各项实践，通过分析国外铁路改革目标与路径的实践及启示，为我国铁路改革目标与路径提供相关借鉴意义。

接着论述了现阶段我国网络型产业，例如电力、民航、电信等具有垄断性的网络型产业的改革历程和改革经验。由于具有垄断性的网络型产业经营和管理方面有很多共通之处，通过分析这些企业的改革经验，为我国铁路改革目标与路径提供一定的借鉴作用。

然后进入本书的重点部分，即提出我国铁路改革的目标与路径，具体阐述了改革的顶层设计和自下而上的"六步走"实施路径，其中实施路径包括改革准备阶段、运营业务公司化（运营资源整合）阶段、网运分离阶段、路网整合（路网资源整合）阶段、铁路国有资产管理体制改革阶段以及配套改革阶段。

紧接着对我国全面深化铁路改革现有的三类备选方案进行比选，主要介绍三类备选方案的基本思路、主要特点以及可行性，通过对三类备选方案的改革目标路径比选，得出适合我国铁路改革的方案；最后提出了我国铁路改革的一系列保障机制，包括坚持党的领导，加强顶层设计、政策保障、立法建设、人才培养、社会舆论宣传以及推进相关配套措施改革。通过上述各类保障措施，保证铁路改革有条不紊地统筹推进。

8.2　主要研究结论

铁路改革目标路径的确立与实施，涉及多方利益以及社会各个方面,需要国家领导和铁路高层以及社会各界共同支持和努力才能实现。"网运分离"是世界铁路运营模式改革的总体走向，实践证明，它是国铁建立开放系统，实现资源优化配置的最佳实现形式。近20年来，放松规制、引入竞争、降低社会资金进入门槛已成为世界各国自然垄断产业市场化改革的主导趋势。我国已开始了对电力、电信和石油等相关领域的改革，取得了显著成效，但铁路行业的改革却迟迟未能取得实质性进展。为实现铁路跨越式发展，我们应该对铁路改革给予信心、积极参与、大力支持，促进铁路改革事业不断向前发展。

国有企业改革是中央实施做强、做大国有企业方针的重大战略步骤，推进国有企业改革，有利于国有资本保值增值，有利于提高国有经济竞争力，有利于放大国有资本功能。铁路作为我国国有企业的重要成员之一，在十八届三中全会提出的全面深化国有企业改革的大背景下，铁路改革面临许多机遇和挑战。

本研究通过总结国外铁路改革目标与路径的实践及启示，结合我国电力、电信、石油等具有垄断性的行业的改革目标与路径的实践及启示，提出了我国铁路改革的目标与路径。为实现全面深化铁路改革的主要目标，应该在加强顶层设计的基础上，按照"六步走"的实施路径，先进行改革准备阶段，然后将运营业务公司化，接着进行网运分离，再进行路网整合，而后进行铁路国有资产管理体制改革，并进行配套改革，从而积极稳妥、统筹兼顾地推进铁路改革。

当前我国全面深化铁路改革有三类备选方案——区域分割方案、网运分离方案以及综合改革方案（综合改革-魏际刚方案和综合改革-左大杰方案）。区域分割方案由于极有可能复制日本国铁的相关问题，而日本国铁早在1987年经营就难以为继，日本1987年摒弃的铁路管理体制，不应成为30多年以后中国铁路改革的目标和路径。

综合改革-魏际刚方案和综合改革-左大杰方案在改革目标与改革路径上均有区别。综合改革-魏际刚方案在改革开始阶段成立一系列

"中"字头的运营企业，因运营与路网的边界无法清晰界定，很难在顶层设计中予以明确，因而操作起来比较困难。而综合改革-左大杰方案的改革路径是由铁路总公司与18个铁路局这19个机构作为股东，成立一大批运营公司，让"1+18"个机构自己把路网、运营边界明确界定，明确边界之后进行后续改革措施：一是运营公司混改（即第3步），二是路网整合（即第4步），三是投资运营公司出现助力上述混改（即第5步），四是其他配套改革（即第6步）。可见，综合改革-魏际刚方案从一开始就需明确界定一些复杂的关系（如路网与运营、货运与客运、高速与普速等），而这些关系的界定需要一批对铁路具有深刻理解的专业人士，付出相当多的时间（有可能需要3~5年），才能做出相对准确的判断，容易使铁路改革搁置，而综合改革-左大杰方案抽丝剥茧，并且随时可以展开，因而是适合我国铁路改革的方案。

在铁路改革路径的实施过程中，需要坚持党的领导，加强组织保障、政策保障、立法建设、人才培养、技术保障、社会舆论宣传以及推进相关配套措施改革，从而为铁路改革的顺利实施奠定坚实的基础。

8.3 未来研究展望

由于全面深化铁路改革的复杂性以及作者水平所限，在确定我国铁路改革目标和路径方面，仍然存在很多具体的问题需要深入研究，主要列举如下：

（1）运营公司业务化阶段中各业务边界的划分。

在铁路改革路径之运营业务公司化这一改革阶段，涉及路网与各运营公司之间、各运营公司相互之间的业务边界与资产边界划分，这些问题很难从一开始就有明确方案，而只能在实践中去摸索，难度较大并需要较长时间。

（2）路网整合阶段路网公司与其相关专业的连接形式。

中铁路网（集团）股份有限公司与车务、机车、工务、电务、车辆、供电、信息等各专业之间有多种方案可供选择：一是有产权联系的事业部制、子公司制、分公司制等，二是相互平等的平行公司的形式。具体采用何种形式，有待进一步研究深化。

（3）资本投资、运营公司组织架构的确定。

紧扣两类公司功能，需要重塑其组织架构。投资公司以资本为对象，开展投资运营，需要建立完善的现代企业制度，健全协调运转、有效制衡的公司法人治理结构。适应资本运营需要，全面加强风险控制及相应的公司内部管理机制，准确执行和体现出资人意志。运营公司实行资本投资运营与产业经营分离，成为战略规划和资本投资运营中心，所投资企业以产业为重点，从事具体生产经营活动，是经营管理和利润实现的中心[66]。目前，资本投资、运营公司组织架构尚不明确，有待进一步研究深化。

（4）公益性补贴等级界定以及具体补贴方式。

由于我国长期执行"交叉补贴"，铁路部门在建立公益性补贴机制的过程中，公益性运输责任主体不清，政企财务边界模糊。如何合理界定政府在基础设施建设和运输服务方面的责任进而确定补贴等级以及具体如何实施公益性补贴，都有待进一步研究深化。

参考文献

[1] 郑必坚. 全面深化改革的重大意义[EB/OL]. (2013-12-04) [2017-03-01]. http://opinion.people.com.cn/n/2013/1204/c1003-23735016.html.

[2] 孟海丽. 国有企业改革的回顾与思考[D]. 淮北：淮北师范大学，2011.

[3] 张崇康. 国有企业市场定位的理性思考[M]. 北京：经济管理出版社，2001.

[4] 王鹏. 当前我国国有企业改革研究[D]. 济南：齐鲁工业大学，2015.

[5] 李嘉. 改革开放的又一里程碑[J]. 江西行政学院学报,2004(S1)：66-68.

[6] 张卓元. 30 年国有企业改革的回顾与展望[J]. 企业文明，2008(01)：15-18.

[7] 新华社. 中共中央关于全面推进依法治国若干重大问题的决定[EB/OL]. (2014-10-28)[2014-10-28]. http://news.xinhuanet.com/2014-10/28/c_1113015330.htm.

[8] 应届毕业生网. 十八届五中全会精神解读 "五大发展理念" [EB/OL]. (2015-11-10)[2016-11-18]. http:// wenxue.yjbys.com/zawen/85337.html.

[9] 央视网. 习近平对国有企业改革作出重要指示[EB/OL].(2016-07-04)[2017-01-10]. http://tv.cctv.com/2016/07/04/VIDEIQ120q9LggGSUiNoGjin160704.shtml.

[10] 周荷芳. 铁路体制改革若干问题的研究[D]. 成都：西南交通大学，2002.

[11] 舒英杰. 关于我国铁路规制改革问题的研究[D]. 成都：西南财经大学，2007.

[12] 中国青年网. 铁总获高铁票价定价权热门线路或有提升空间[EB/OL].(2016-02-20)[2016-11-05]. http://news.youth.cn/gn/201602/t20160220_7653559.htm.

[13] 俞洁敏. 铁路"网运分离"运输管理体制改革探索[J]. 铁道经济研究, 1999（3）: 32-34.

[14] 荣朝和. 试论"网运分离"与铁路重组的关系[J]. 北方交通大学学报, 2000, 24（3）: 35-40.

[15] 欧国立. 中国铁路运输业引入竞争机制的理论依据及可行性分析 [J]. 世界经济 , 2004（6）: 46-50.

[16] 陈楠. 我国铁路网运分离式管理体制改革研究[D]. 长沙: 中南大学, 2007.

[17] 齐文超. 实施"网运分离"加速推进客运公司市场主体的确立[J]. 铁道经济研究, 2001（2）: 7-10.

[18] 蒋媛媛, 陈雯. "网运分离"模式在中国铁路的可行性研究[J]. 产业经济研究, 2009（6）: 73-79.

[19] 左大杰. 铁路网运分离的必要性与实施路径[J]. 综合运输, 2013（7）: 44-46.

[20] 魏际刚. 新时期深化铁路体制改革思路研究[J]. 发展研究, 2016（3）: 4-7.

[21] 左大杰, 张瑞婷, 李斌, 等. 中国铁路亟需综合改革方案[J]. 综合运输, 2016, 38（3）: 17-23.

[22] 财新网记者. 左大杰: 铁路深化改革必须打破网运合一[Z/OL], 2016.

[23] 江宇. 发达国家铁路发展史对我国铁路改革的启示[J]. 综合运输, 2003（10）: 44-47.

[24] 苏宝亮. 铁路运输行业2016年日常报告: 铁路改革专题之二——美国铁路改革的启示 [Z], 2016.

[25] 周荷芳. 铁路体制改革若干问题的研究[D]. 成都: 西南交通大学, 2002.

[26] 欧国立. 日本铁路改革经验及对中国铁路改革的启示[Z/OL], 2014.

[27] 崔艳萍, 侯敬. 关于德国铁路改革的探讨[J]. 铁道运输与经济, 2013, 35（7）: 94-97.

[28] 张俊勇, 孙有才, 张玉梅. 德国铁路改革对我国的启示[J]. 交通企业管理, 2013（3）: 74-76.

[29] 张长青. 日本铁路法制对我国铁路发展的影响及其启示 [J]. 生产力研究, 2006（1）: 139-140.

[30] 铁路融资机制改革课题组. 发挥资本市场作用 完善铁路建设融资机制[Z/OL], 2016.

[31] 金融时报. 发挥资本市场基础性功能 推进上市公司市场化并购重组[EB/OL]. [2014-07-15]. http://www.financialnews.com.cn/zq/gs/201407/ t20140715_59369.html.

[32] 中国社会科学研究院工业经济研究所执行研究员. 新一轮电力体制改革的目标、难点和路径选择[J]. 价值理论与实践，2014（7）：10-15.

[33] 中国石油和化学工业联合会课题组. 我国油气体制主要问题和深化改革的原则与目标[Z/OL]，2015.

[34] 史立新，于娟. 我国垄断行业改革的路径和基本经验[J]. 综合运输，2009（1）：29-33.

[35] 中共中央宣传部. 习近平总书记系列重要讲话读本[M]. 北京：学习出版社，人民出版社，2014.

[36] 李克强. 政府工作报告：2016 年 3 月 5 日在第十二届全国人民代表大会第四次会议上[M]. 北京：人民出版社，2016.

[37] 左大杰,李斌,朱健梅. 全面深化铁路改革目标与路径研究[J]. 综合运输，2016，38（8）：19-24.

[38] 左大杰. 中国铁路亟需综合改革方案[Z/OL]，2016.

[39] 编写组.《关于深化国有企业改革的指导意见》学习读本[M]. 北京：中国经济出版社，2016.

[40] 赵坚，汤浒，崔莎娜. 我国铁路重组为三大区域铁路公司的设想[J]. 综合运输，2012，34（7）：28-32.

[41] 左大杰，张瑞婷，李斌，等. 中国铁路亟需综合改革方案[J]. 综合运输，2016，38（3）：17-23.

[42] 左大杰，马寓，曾江. 全面深化铁路改革备选方案的比较研究[J]. 综合运输，2016，38（3）：36-41.

[43] 郑东冉. 浅谈企业固定资产清查工作存在的问题及对策[J]. 经营管理者，2014（22）：100.

[44] 山西新闻网. 铁路货运改革任重道远[EB/OL].（2015-06-19）[2017-11-01]. http://news.sxrb.com/sxxww/xwpd/sdgc/5410768.shtml.

[45] 中华铁道网评论员高建文. 铁路供给侧改革打出组合拳[Z/OL]，2016.

[46] 路炳阳. 左大杰：铁路深化改革必须打破网运合一[Z]，2016.

[47] 左大杰. 基于统分结合的铁路网运分离经营管理体制研究[J]. 综合运输，2016，3（38）：24-35.

[48] 孙春芳. 铁路改革再下一城：18 路局整合或明年启动[EB/OL].

[2013-12-13]. http://news.163.com/13/1213/08/9FVAR5530001124J.html.

[49] 刘迪瑞. 日本国有铁路改革研究[M]. 北京：人民出版社，2006.

[50] 新华网. 中国铁路总公司：个别商业媒体有关铁路改革的报道失实[Z/OL]，2014.

[51] 荣朝和. 试论"网运分离"与铁路重组的关系[J]. 北方交通大学学报，2000，24（3）：35-40.

[52] 齐文超. 实施"网运分离"加速推进客运公司市场主体的确立[J]. 铁道经济研究，2001（2）：7-10.

[53] 陈楠. 我国铁路网运分离式管理体制改革研究[D]. 长沙：中南大学，2007.

[54] 蒋媛媛，陈雯."网运分离"模式在中国铁路的可行性研究[J]. 产业经济研究，2009（6）：73-79.

[55] 赵坚. 铁路"网运分离"无法打破路网垄断[EB/OL]. [2016-03-28]. http://opinion.caixin.com/2016-03-28/100925309.html.

[56] 朱继东. 深化国企改革为什么必须坚持、加强和改进党的领导[Z/OL]，2015.

[57] 新华社. 习近平在全国国有企业党的建设工作会议上强调：坚持党对国企的领导不动摇[EB/OL].（2016-10-11）[2016-12-16]. http://politics.people.com.cn/n1/2016/1011/c1024-28770123.html.

[58] 刘云，廉李章. 建立铁路公益性运输补贴机制的思路建议[J]. 生产力研究，2013（12）：110-111.

[59] 张迪. 我国铁路公益性运输补贴政策研究 [D]. 北京：北京交通大学，2015.

[60] 樊绍文，李莹. 完善中国铁路立法的借鉴与探索[J]. 法制与社会，2012（18）：272-274.

[61] 郑国华，肖龙文，宾斌. 国外以立法促进铁路改革的经验与启示[J]. 中国铁路，2001（11）：45-47.

[62] 俞文钊. 现代激励理论与应用[M]. 大连：东北财经大学出版社，2006.

[63] 李自如. 现代企业管理学[M]. 长沙：中南大学出版社，2001.

[64] 张海波. 我国铁路人才队伍建设研究[D]. 武汉：华中师范大学，2012.

[65] 阳敦荣. 国有企业建立现代企业制度若干问题的探讨[D]. 武汉：华中师范大学，2002.

[66] 王绛. 国资委官员披露国资投资、运营公司存在五大关键问题[Z/OL]，2016.

后 记

　　本书是"铁路改革研究丛书"中的一本，主要涉及铁路改革目标与路径研究。

　　在继续全面深化改革和扩大开放的新时期，铁路改革发展面临铁路国家所有权政策、铁路网运关系、现代企业制度、混合所有制、投融资体制、铁路债务处置、公益性补偿机制、企业运行机制、监管体制、改革保障机制等新挑战、新问题，这些新挑战、新问题构成了铁路改革的目标。对铁路错综复杂的问题进行梳理，结合我国铁路体制现状，把铁路改革目标的实现按照轻重缓急进行全面统筹和整体规划，这就是铁路改革的路径问题。铁路改革目标与路径是全面深化铁路改革亟须解决的又一个关键问题。

　　全面深化铁路改革是一项系统、持久的工作，做好全面深化铁路改革的顶层设计，明确铁路改革的各项目标，制定"稳中求进"的改革路径，对统筹安排全面深化铁路改革工作、迎接新形势下铁路发展的新挑战具有重要意义。

　　本书的研究重点是通过总结国外铁路以及具有垄断性质的部分国有企业的改革目标与路径的实践及启示，结合中共中央、国务院和相关部委多次重要会议精神，将上述 12 个问题作为我国铁路改革的目标，提出"六步走"的全面深化铁路改革路径，并在书中通过对我国现有铁路改革方案进行比选，将本书中的综合改革方案作为全面深化铁路改革的推荐方案。最后，提出坚持党的领导，加强顶层设计、政策保障、立法建设、人才培养、社会舆论宣传以及推进相关配套措施改革等一系列保障机制，从而确保我国铁路改革路径的顺利实施。

（补记：① 2018 年中央经济工作会议要求加快推动铁路总公司股份制改造，这是中央为铁路改革设定的总体性、终极性目标，本书作者建议中国铁路总公司以中央经济工作会议精神为指导，充分结合铁路实际，抓紧制定具体性、阶段性目标，报国务院、财政部审批后严格按计划执行。② 铁路改革十分迫切。应充分认识到铁路股份制改造方案论证需要较长时间，待方案明确后再实施中国铁路总公司改制可能存在贻误改革时机的风险。因此，本书作者建议在进一步论证铁路股份制改造方案的同时，应首先将中国铁路总公司改制为国有独资公司，以尽快发挥新体制机制的作用。）

总体来说，本书内容丰富，涉及面广，政策性极强，实践价值高，写作难度大。但是，考虑到当前铁路改革发展的严峻形势，迫切需要出版全面深化铁路改革系列丛书以表达作者的想法与建议。该丛书的初衷是试图构筑全面深化铁路改革的完整体系，而对若干个关键问题的阐述可能还不够深入，甚至存在不少疏漏之处，恳请专家与读者提出宝贵意见和建议，以便再版时修改、完善。

西南交通大学黄蓉、陈瑶、丁祎晨、唐莉、王孟云、乔正、诚则灵、任尊、雷之田、戴文涛、曹瞻、胡万明、李斌、张瑞婷、池俞良、马寓、曾江、赵柯达、杨明宇、霍跃、宗小波、熊超、卓华俊、罗桂蓉、徐莉、孙晓斐、李岸隽、陆柳洋、谢媛娣、徐跃华、丁聪、石晶等同学在本书撰写工程中承担了大量的资料收集、整理工作，感谢他们为本书的撰写和出版所付出的辛勤劳动。

最后，本书付梓之际，衷心地感谢所有关心本书、为本书做出贡献的专家、学者及相关铁路领导同志。

左大杰

2019 年 1 月 14 日